llyfr adar mawr y plant

Argraffiad cyntaf: 2019
Trydydd argraffiad: 2020

Cynllun y clawr: Olwen Fowler
Rhif Llyfr Rhyngwladol: 978 1 78461 777 6

Dymuna'r cyhoeddwyr gydnabod cymorth ariannol Cyngor Llyfrau Cymru

Cyhoeddwyd ac argraffwyd yng Nghymru
ar bapur o goedwigoedd cynaliadwy gan
Y Lolfa Cyf., Talybont, Ceredigion SY24 5HE
e-bost ylolfa@ylolfa.com
gwefan www.ylolfa.com
ffôn 01970 832 304
ffacs 01970 832 782

Diolch i'r canlynol am gael cynnwys ffotograffau.
iStock: 11, 13, 15, 17, 19, 21, 23, 25, 27, 29, 31, 33, 35, 37, 39, 41, 43, 45, 47, 49, 51, 53, 55, 57, 59, 61, 63, 65, 67, 69, 71, 73, 75, 77, 79, 81, 83, 85, 87, 89, 91, 93, 95, 97, 99, 101, 103, 105, 107, 109
iClipart: 11, 15, 31, 37, 39, 45, 47, 49, 51, 57, 59, 81, 85, 89, 101
Onwy Gower: 13
Wikipedia Commons: 17, 19, 59
Wildlife Articles: 27
Andy Morffew: 41
Needpix: 73
Mike Davies: 79
Creative Commons (Imran Shah): 99

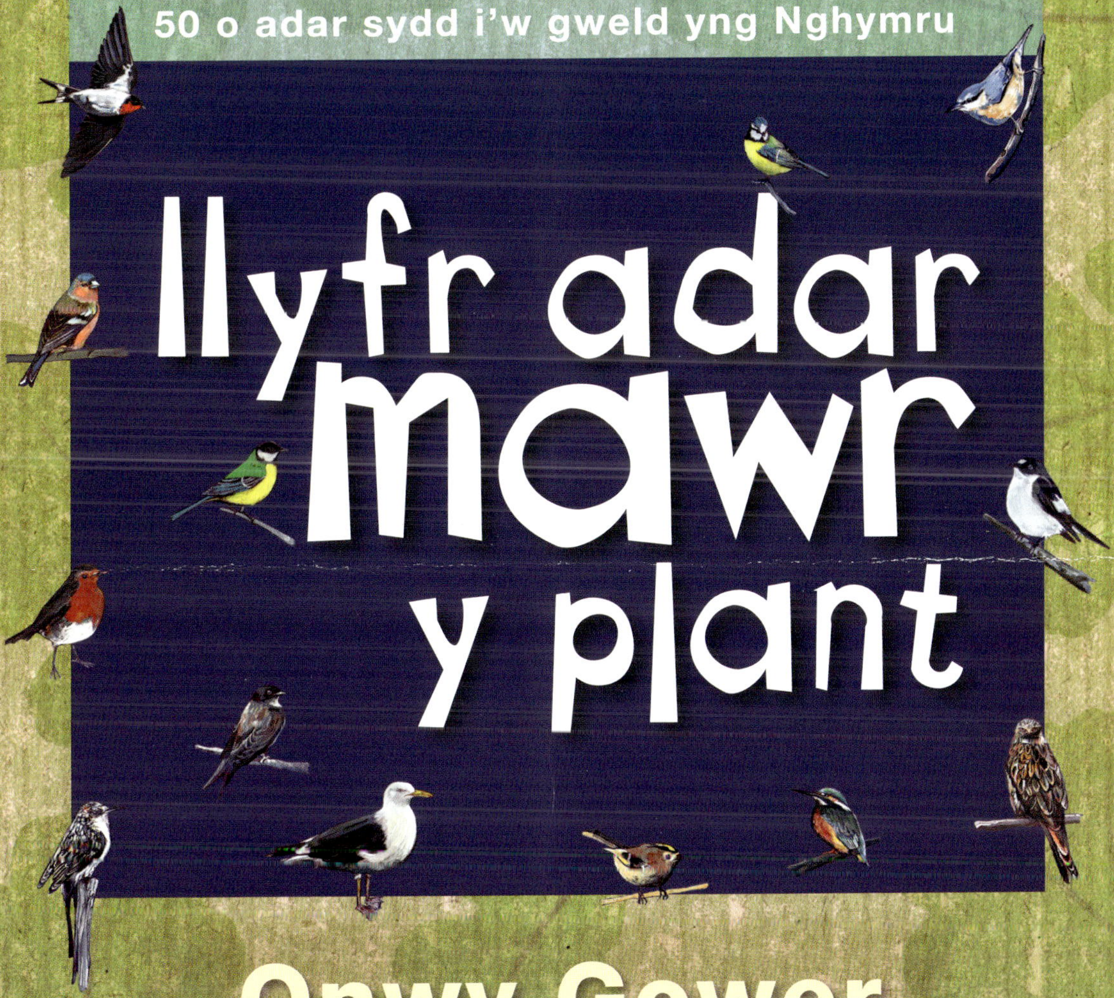

50 o adar sydd i'w gweld yng Nghymru

llyfr adar mawr y plant

Onwy Gower

Rhagair gan
Iolo Williams

y Lolfa

Cynnwys

Hoffwn gyflwyno'r llyfr i Wncwl Al.

Diolch yn fawr i Meinir, Olwen, Ffion,
Lefi, Dylan Foster Evans, Iolo, fy nhad
a mam, a fy chwaer Elena.

Rhagair

Mae'r llyfr gwych yma yn un amserol tu hwnt. Cyfrol adar gan berson ifanc i bobol ifanc, ac am lyfr arbennig. Mae'r cymysgedd crefftus o eiriau Onwy Gower a pheintiadau lliwgar Ffion Gwyn yn gweithio'n berffaith gyda'i gilydd ac yn dod â'r 50 o adar sydd wedi eu cynnwys rhwng y ddau glawr yn fyw.

Ar adeg pan ydym, yn anffodus, yn colli llawer o'n geirfa byd natur yn Gymraeg, mae'r llyfr yma yn sicr yn mynd i helpu i ddod â byd yr adar yn amlwg unwaith eto. Mor braf fyddai gweld y gyfrol yn cael ei defnyddio'n gyson ym mhob cartref ac ym mhob ysgol yng Nghymru. Mae Onwy a Ffion wedi gwneud y gwaith caled; mae hi i fyny i ni, bob un ohonon ni, i wneud y gweddill.

Ewch allan i'r awyr iach – i'r ardd a'r caeau, i lawr i'r traethau ac i fyny i'r mynyddoedd. Ewch â'r llyfr yma gyda chi a chwiliwch am yr adar yn eu cynefin naturiol.

Iolo Williams

Aderyn y To

Ffaith Ffab!

Mae rhai i'w gweld i fyny ar lawr 80 yr Empire State Building yn Efrog Newydd ond roedd rhai hefyd i'w cael o dan ddaear mewn pyllau glo, mor isel â 640 metr. Yr unig beth oedd yn eu cadw'n fyw oedd y bara roedd y glowyr yn ei roi iddyn nhw.

Enw Saesneg: House Sparrow
Mwy o enwau Cymraeg:
Golfan, Llwyd y To, Strew, Llwytyn, Caint y To a Sbrocsyn y Baw
Maint: 14.5cm
Bwyd: Hadau chwyn, pryfed a'u **cynrhon**, grawn a bara

Adar Niferus

Mae nifer fawr o adar y to'n ymgasglu gyda'i gilydd ac maen nhw'n dueddol o fod ar bwys tai. Mae'r fenyw'n casglu brigau bach i greu nyth, a fydd, yn y pen draw, â 3–4 o wyau ynddo. Maen nhw'n adar cyfeillgar – fyddan nhw ddim yn ymladd am eu teyrnas fel y robin goch, a dyna pam y byddwch yn eu gweld mewn grwpiau. Ac yn wahanol i ti a fi, maen nhw'n cael bath mewn baw a phridd! A hynny er mwyn cael y pryfed pitw bach oddi ar eu plu.

Deryn y to
Yn mynd o'i go',
Cael bara i'w fwyta
Yn y pwll glo.

Deryn y to
Yn canu'n y fro,
Bwyd ar y ddaear
A nyth yn y to.

Deryn y to
Yn mynd ar ffo,
Cath yn ei hela –
O-o-o-o-o!

Alarch Dof

Ffaith Ffab!

Roedd pobl yn arfer torri marciau bach ar y pig i ddangos pwy oedd yn berchen pa aderyn. Yn ystod oes Elisabeth y Gyntaf roedd 900 o wahanol farciau wedi cael eu rhestru.

Enw Saesneg: Mute Swan

Mwy o enwau Cymraeg: Alarch Mud

Maint: 145–160cm

Bwyd: Planhigion tanddwr, brogaod bach, pryfed a physgod

Alarch Anhygoel

Mae chwedlau'n dweud mai Richard the Lionheart oedd y cyntaf i ddod ag alarch dof i Brydain, o Gyprus, tua 800 mlynedd yn ôl. Dyma'r aderyn mwyaf ym Mhrydain, felly mae ei nyth yn enfawr ac mae angen digon o ddŵr agored i'r aderyn redeg ar wyneb llyn neu afon er mwyn dechrau hedfan. Am ganrifoedd roedd yr alarch, fel mae ei enw yn awgrymu, yn ddof, gyda phobl gyfoethog yn eu cadw i addurno llynnoedd mewn parciau ac ar gyfer eu cig, ac yn swyddogol dim ond y frenhines sy'n cael bwyta elyrch dof. Ar ddechrau'r 20fed ganrif doedd dim un alarch gwyllt yng ngogledd Cymru, a dim ond ambell bâr oedd yn weddill yn y wlad. Erbyn canol yr 1950au roedd 228 o elyrch unigol, ond erbyn 1990 roedd bron cant o barau a thua 850 o adar unigol.

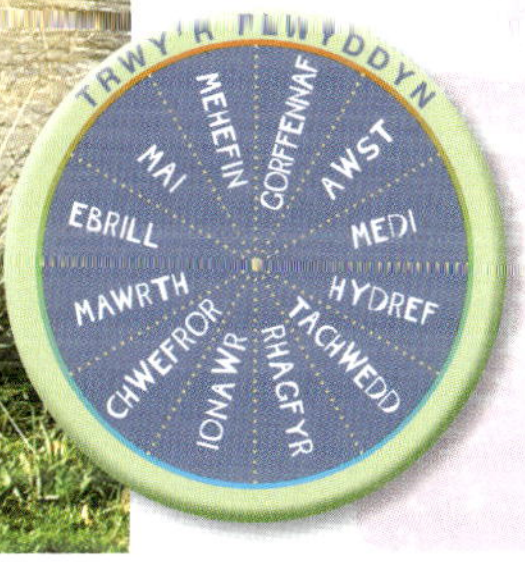

Fel llong fawr wen gyda hwyliau gwyn
Teithia'r alarch ar draws y llyn,
Ei wddf yn hir i fwydo'n y dŵr,
Aderyn godidog, mae hynny'n siŵr.

Barcud Coch

Ffaith Ffab!

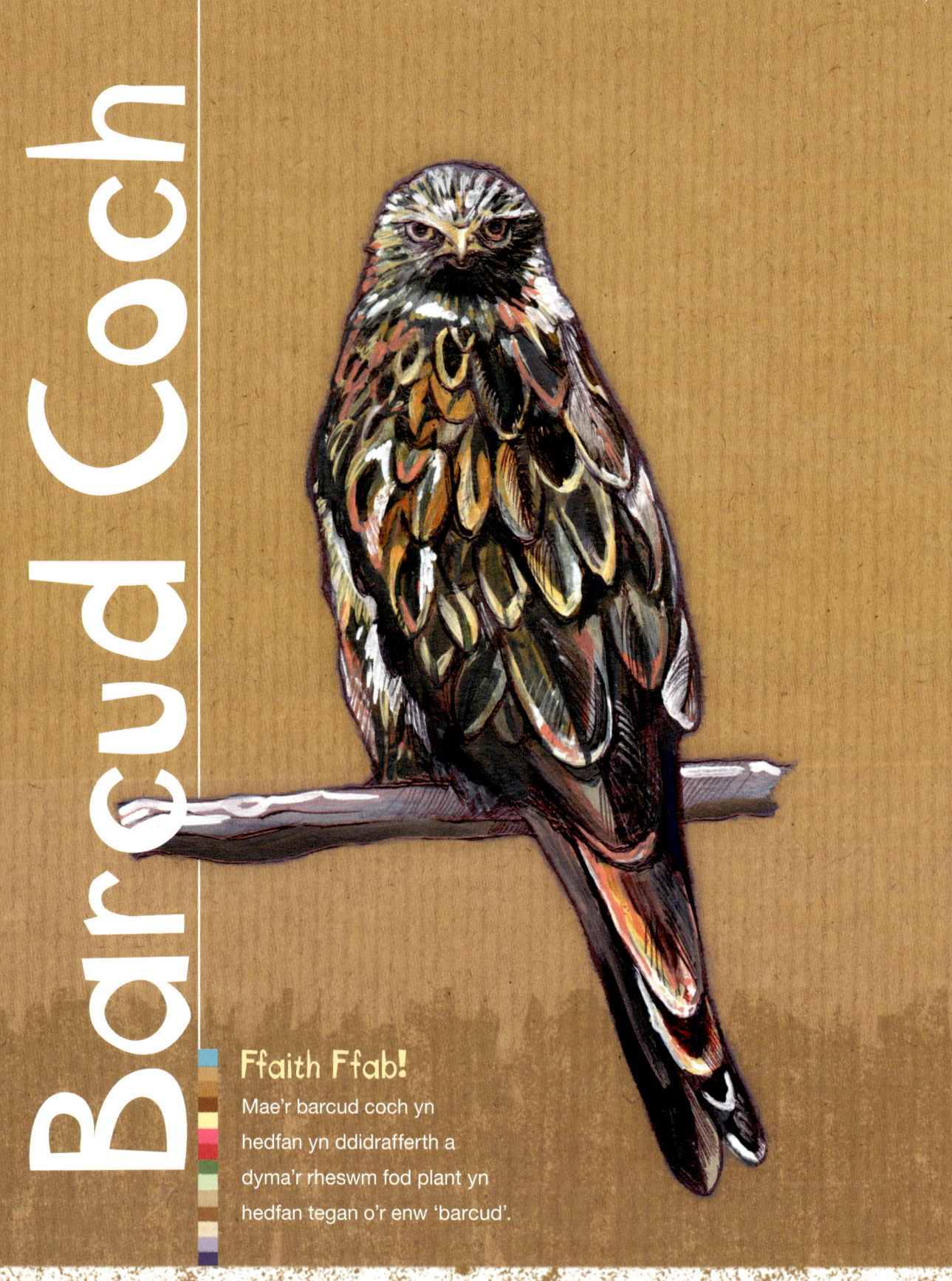

Mae'r barcud coch yn hedfan yn ddidrafferth a dyma'r rheswm fod plant yn hedfan tegan o'r enw 'barcud'.

Enw Saesneg: Red Kite

Mwy o enwau Cymraeg: Boda Wennol, Cudan a Bòd Fforchog

Maint: 55cm

Bwyd: Mamaliaid bach, cwningod, defaid marw, cywion brain a gwylanod, mwydod a brogaod

Barcud Bendigedig

Roedd y barcud coch yn arfer bod yn niferus ar draws Prydain. Gallech ei weld ar strydoedd brwnt y trefi yn yr Oesoedd Canol, a hefyd yng nghanol Llundain yn ystod oes Elisabeth y Gyntaf. Ond daeth cyfraith newydd oedd yn nodi os oeddech yn lladd barcud coch y byddech yn cael ceiniog am y corff marw. Felly diflannodd yr aderyn yn raddol nes mai poblogaeth fechan yn unig oedd ar ôl erbyn y 1930au, a hynny yn Nyffryn Tywi, ger Rhandir-mwyn ar bwys Llanymddyfri. Yma roedd pobl yn dal i geisio dwyn yr wyau. Llwyddodd pobl i warchod yr adar a nawr maen nhw'n amlwg mewn sawl rhan o Gymru a Lloegr.

Cylcha'r nen fel hofrennydd, – ei edyn
Llwydion bron yn llonydd,
Wedi hela'n y dolydd,
Try y cawr at ei gartre cudd.

Y Parch Glyn Alun Williams

Bronfraith

Ffaith Ffab!

Dyma un o'r adar cyntaf i ganu yn ystod y flwyddyn, yn aml mor gynnar â mis Ionawr.

Enw Saesneg: Song Thrush

Mwy o enwau Cymraeg:

Bwmfraith, Crecer a Bronfraith y Grug

Maint: 23cm

Bwyd: Malwod, mwydod, pryfed, ffrwythau a hadau

Bronfraith Boblogaidd

Dyma'r fronfraith fwyaf cyffredin sydd i'w gweld mewn parciau a gerddi ac mae ganddi gân hyfryd lle mae'n ailadrodd yr un nodau ddwy waith, yn wahanol i'r fwyalchen a brych y coed. Pan mae'n hercian dros yr ardd bydd yn troi ei phen i wynebu'r llawr, nid i wrando am fwydod yn y pridd ond oherwydd bod ei llygaid ar ochr ei phen. Er mwyn bwydo ar falwod bydd yn defnyddio carreg i fwrw'r gragen galed. Yn anffodus, mae niferoedd yr aderyn yma wedi disgyn yn gyflym iawn, efallai oherwydd gaeafau caled neu effaith **plaladdwyr** ar y pryfed mae'n hoffi eu bwyta.

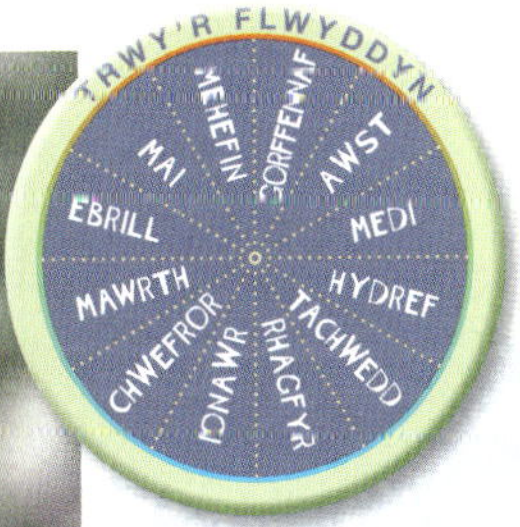

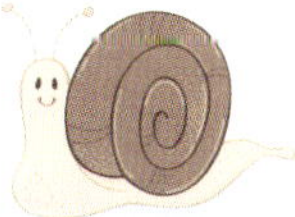

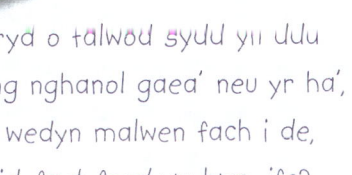

Pryd o falwod sydd yn dda
Yng nghanol gaea' neu yr ha',
A wedyn malwen fach i de,
Nid *fast food* yw hwn, ife?

Bronwen y Dŵr

Ffaith Ffab!

Roedd un nyth yng ngogledd Lloegr lle roedd lefel y dŵr wedi codi gymaint ar ôl glaw fel bod rhaid i'r oedolion hedfan o dan y dŵr i gyrraedd y nyth.

Enw Saesneg: Dipper

Mwy o enwau Cymraeg: Trochwr, Dryw yr Afon a Wil y Dŵr

Maint: 18cm

Bwyd: Chwilod y dŵr, penbyliaid a physgod bach

Bronwen Fendigedig

Mae'r fronwen hon tua'r un maint â drudwy, ac mae i'w gweld ger afonydd a **nentydd** ac yn aml yn hedfan o garreg i garreg lle mae'n sefyll a bobio'i chorff. Y peth mwyaf rhyfedd yw lle mae'n bwydo oherwydd o dro i dro bydd yn plymio i mewn i'r dŵr ac yn nofio gan ddefnyddio'i hadenydd. Gall y fronwen gerdded ar waelod y dŵr gan ddefnyddio'r llif i'w gwthio i lawr a'i chadw yno. Oherwydd ei pherthynas agos ag afonydd a hefyd ei bron wen amlwg, mae bron yn amhosib ei drysu gydag unrhyw aderyn arall. Mae'r aderyn yma'n dueddol o fyw ar yr un rhan o ddŵr drwy gydol y flwyddyn.

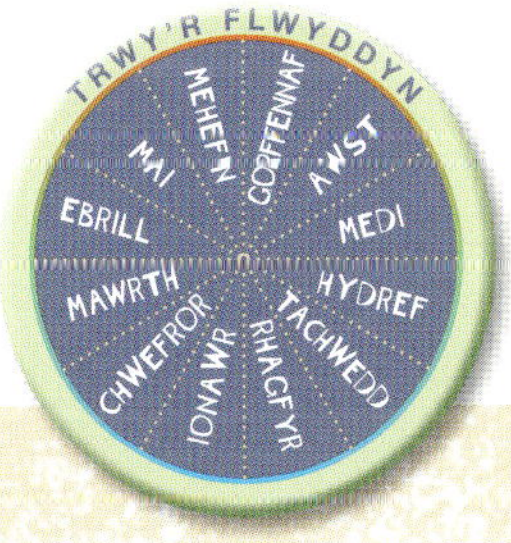

Bobio, nofio, cyn mynd dan y dŵr,
Yr afon yn rhuo a chodi stŵr,
Anturiaethwr tanddwr ydyw hwn,
Rhyfeddod anhygoel, mi wn.

Bwncath

Ffaith Ffab!

Yng Nghymru mae tua 4,000 o barau yn nythu, sef degfed rhan o'r holl nifer sydd ym Mhrydain.

Enw Saesneg: Buzzard
Mwy o enwau Cymraeg:
Boda, Bod Teircaill,
Ceiliog y Waun a Barcutan
Maint: 54cm
Bwyd: Mamaliaid bach,
yn enwedig cwningod,
defaid marw, mwydod,
lindys, chwilod ac aeron

Bwncath Prydferth

Pan mae'n hedfan, mae ei gri yn swnio fel cath. Yn aml nid yw'n gwneud dim byd heblaw hedfan yn araf trwy'r awyr gyda'i adenydd llydan yn agored, ond nid yw'n ddiog ac mae'n cadw golwg ar y ddaear am unrhyw symudiad. Dyma'r aderyn **ysglyfaethus** mwyaf cyffredin ac mae'r bwncath yn nythu ym mhob rhan o Gymru. Ambell waith gallwch weld 4 neu 5 uwchben coedwig ac mae'n debyg fod tua 40,000 o barau yn nythu yn y Deyrnas Unedig. Bydd adar eraill fel y frân neu'r wylan yn ymosod ar y bwncath, yn enwedig yn ystod y tymor nythu, ond gan amlaf bydd yn eu hanwybyddu. Ond os ydy'r adar yn styfnig wrth ymosod, bydd y bwncath yn troi yn yr awyr ac yn defnyddio'i grafangau miniog i ymladd yn eu herbyn.

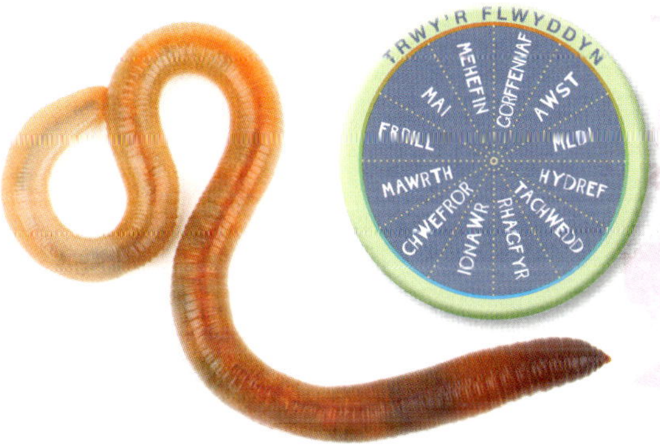

Oes cath yn yr awyr, yn hedfan fry,
Neu'r bwncath sydd yno yn mewian ei gri?
Aderyn **gosgeiddig**, pwerus ei big,
Nid pwsi mohono, ond brenin y wig.

('Y wig' yw'r hen enw am goedwig.)

Cigfran

Ffaith Ffab!

Yn 1921 aeth cigfrain i chwilio am fwyd 21,000 troedfedd uwchben y môr, o gwmpas gwersyll dringwyr o Brydain oedd yn ceisio dringo mynydd Eferest.

Enw Saesneg: Raven

Mwy o enwau Cymraeg:

Cigfran Fawr a Brân y Gors

Maint: 64cm

Bwyd: Pethau marw, anifeiliaid bach, hadau, ffrwythau, grawn, pysgod, wyau ac adar ifanc

Cigfran Graff

Dyma frân sy'n hoffi bwyta cig, sy'n esbonio'i henw, y gigfran. Un o'r pethau nodweddiadol amdani yw bod pobl yn credu bod y gigfran yn **warchodwr**, felly mae gan Dŵr Llundain gigfrain yn gwylio drosto, ac os byddan nhw'n diflannu mae pobl yn credu y bydd Prydain yn cael ei **meddiannu**. Dyma'r frân fwyaf, ac mae ganddi gorff hollol ddu a phig llwyd. Wrth hedfan mae'i chynffon yn mynd i siâp deiamwnt. Mae'n aderyn cyfarwydd mewn sawl lle gwahanol, fel y Môr Marw yn Israel ac ucheldir yr Arctig. Yng Nghymru mae'r gigfran yn nythu mewn llefydd gydag enwau gwych fel Tap y Gigfran a Chraig Nyth y Gigfran.

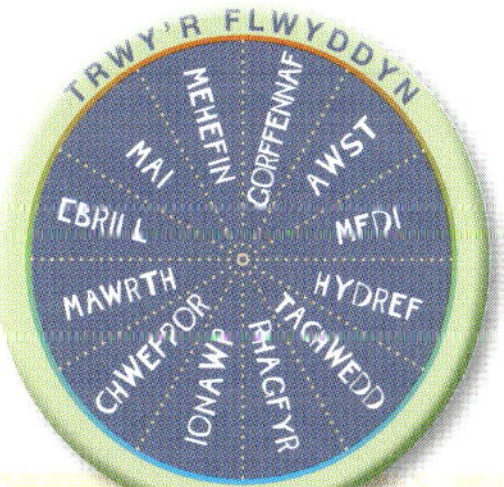

Hynod o bwerus yw ei phig,
Sy'n dda iawn am dorri cig,
Mae hon yn hoff o hedfan fry,
Cawr o frân gydag adenydd du.

Cnocell Werdd

Ffaith Ffab!

Mae'r gwryw a'r fenyw yn creu nyth gyda'i gilydd trwy wneud twll mewn boncyff coeden sy'n ddigon mawr i oedolyn a hyd at 7 o gywion.

Enw Saesneg: Green Woodpecker
Mwy o enwau Cymraeg:
Lloercen, Cwynwr y Coed
ac Ebol Jason
Maint: 32cm
Bwyd: Pryfed sy'n byw dan risgl y coed, morgrug a ffrwythau fel afalau a cheirios

Cnoc-Cnoc Cnocell

Dyma'r gnocell fwyaf ym Mhrydain, tua'r un faint â jac-y-do. Yn wahanol i'r ddau fath arall o gnocell, sef y gnocell fraith fwyaf a'r gnocell fraith leiaf, mae'r un werdd yn treulio tipyn o amser ar y llawr, yn hytrach nag yn y coed. Y rheswm am hyn yw ei bod yn hoffi morgrug i frecwast, cinio, te a swper. Mae ei chri'n swnio fel rhywun yn chwerthin. Mae'n hawdd i'w hadnabod gyda'i phen coch llachar a'i chorff gwyrdd, heb sôn am ei phen-ôl melyn. Hefyd mae'n hedfan mewn ffordd arbennig gyda'i chorff yn mynd lan a lawr fel tonnau'r môr.

Mae nifer o enwau am yr aderyn hardd hwn –
Caseg wanwyn, coblyn gwyrdd a delor y derw.
Yn erbyn y coed mae ei phen yn bwrw –
Taradr y coed, tyllwr y coed, cymynwr y derw.
Gwyrdd yw ei chorff, fel y goedwig yn wir,
Y gnocell fawr fwyaf sy'n byw yn ein tir.

Cornchwiglen

Ffaith Ffab!

Byddai pobl yn casglu wyau cornchwiglod ar gyfer y marchnadoedd, yn enwedig yn Llundain. Roedd un casglwr, Isaac Harvey, wedi cymryd 600–700 o wyau o Swydd Norfolk i Lundain! Does dim rhyfedd fod niferoedd y gornchwiglen wedi lleihau.

Enw Saesneg: Lapwing

Mwy o enwau Cymraeg: Hen Het, Pigyll, Cornicyll a Gwae Fi

Maint: 30cm

Bwyd: Pryfed a mwydod

Cornchwiglen Greadigol

Yn y pellter mae'n edrych yn ddu a gwyn, ond yn agos ac yng ngolau'r haul mae'n medru edrych yn wyrdd llachar. Mae'n **adnabyddus** am ei *mohawk* – y bluen hir ar gefn ei phen sy'n plygu yn ôl, fel siâp pont – a'i chefn yn amryliw. Am dros 2,000 o flynyddoedd mae'r aderyn yma wedi bod mewn cyswllt agos â phobl, oherwydd mae'n hoff o dir fferm ac mae ffermwyr wedi mwynhau gweld sut maen nhw'n ymddwyn yn y gwanwyn pan fydd un aderyn yn codi'n araf, a'i adenydd yn gwneud sŵn fflapio wrth iddo ganu ei gân unigryw 'piii-wit'. Ar ôl i'r gwryw baru gyda'r fenyw, mae'n creu nyth drwy eistedd ar y ddaear a siglo'n ôl a mlaen nes bod ei frest wedi creu twll bach yn y pridd.

Callwib y Cornicyllod

Dyma'r geiriau ddefnyddiodd y bardd Waldo Williams i ddangos sut mae'r aderyn yn dawnsio yn y gwanwyn.

Crëyr Glas

Ffaith Ffab!

Mewn rhai gwledydd mae'r enwau am y crëyr glas fel enwau pobl – yng ngogledd Lloegr yr enw yw Frank; yn nwyrain Lloegr mae'n Old Frank, ac yng Nghorc, yn Iwerddon, un enw amdano yw Julie-the-Bogs.

Enw Saesneg: Grey Heron

Mwy o enwau Cymraeg:

Crychydd, Crechi Dindon, Garan Lwyd, Crydd Glas

Maint: 94cm

Bwyd: Pysgod, llygod dŵr, chwilod, brogaod, tyrchod daear a llygod mawr

Crëyr Cerfluniol

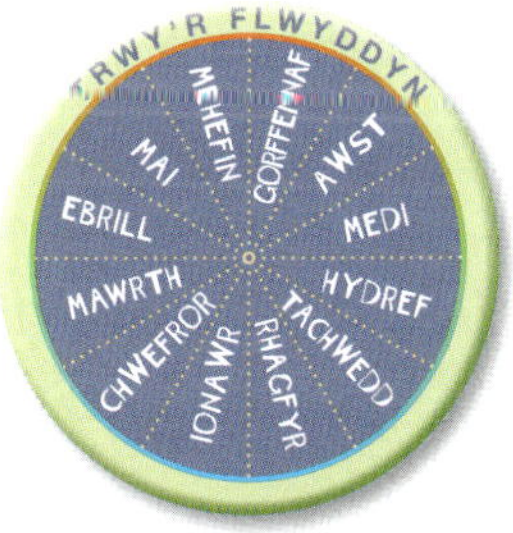

Y rhan fwyaf o'r amser, fe welwch chi'r crëyr glas yn aros yn amyneddgar fel robot neu gerflun am ei bryd nesaf o fwyd. Mae bron mor fawr ag eryr aur ac mae'n hoffi bod lle mae yna ddŵr ffres. Os ydy'r crëyr glas yn pysgota gall sefyll am amser hir ar un goes, a gall ei nyth aros mewn coeden am flynyddoedd, a chael ei ddefnyddio flwyddyn ar ôl blwyddyn. Mae tua 13,000 o barau yn nythu ym Mhrydain.

Mae crëyr yn sefyll fel tasai 'di rhewi
Ar ochr y Tawe, y Taf neu'r Teifi,
Mae'r afon fel cegin i'r sgotwr glas,
Drwy sefyll yn llonydd mae'n ennill y ras.

Beth sy'n diflannu i mewn i'w fola?
Wel, ambell famal bach neu froga,
Ond yr hyn mae'n ei hoffi fwyaf i gyd
Yw pysgodyn aur i orffen y pryd.

Delor y Cnau

Ffaith Ffab!

Pan maen nhw'n adeiladu nythod maen nhw'n defnyddio mwd er mwyn gwneud yn siŵr na fydd adar eraill yn gallu nythu yno.

Enw Saesneg: Nuthatch

Mwy o enwau Cymraeg:

Cnocell y Cnau

Maint: 13cm

Bwyd: Cnau cyll, ffrwyth y ffawydd, mes, chwilod, chwilod clust a lindys

Delor Del

Un o'r pethau sy'n ei wneud yn wahanol i adar eraill yw ei fod yn gallu dringo i lawr coeden yn ogystal ag i fyny. Mae'r ffordd mae'n bwydo hefyd yn ddiddorol oherwydd mae'n rhoi cneuen mewn hollt yn y boncyff neu'r brigyn ac yn ei daro gyda'i big miniog. Er ei fod yn gyffredin nawr, dim ond ers dechrau'r 20fed ganrif yr ymddangosodd delor y coed mewn rhannau o Gymru. Roedd yr un cyntaf wedi ymddangos yn Sir Gaernarfon yn 1902, a'r nyth cyntaf ym Morgannwg yn 1905. Mae'n hawdd ei adnabod oherwydd ei gefn glas-lwyd a'r stribed o ddu dros ei lygaid (sy'n gwneud iddo edrych fel bandit neu fôr-leidr). Mae delor y coed yn storio bwyd fel gwiwer!

Nid fi sydd ar fai
Am fwyta cnau
Drwy ddydd Gwener
A thrwy ddydd Iau.

Dringwr Bach

Ffaith Ffab!

Er eu bod nhw'n anodd i'w gweld dydy hi ddim yn anodd mynd yn agos atyn nhw. Os ydych chi'n sefyll yn llonydd gall y dringwr bach ddod atoch chi, gan feddwl eich bod yn goeden.

Enw Saesneg: Tree-creeper
Mwy o enwau Cymraeg:
Cropiedydd, Crepianog
ac Aderyn Pen Bawd
Maint: 12.5cm
Bwyd: Moch y coed, pryfed cop, lindys, hadau chwyn

Dringwr Direidus

Mae gan y dringwr bach batrwm bwydo, ac mae'n dechrau o waelod coeden a throelli i fyny i'r top, yna gwibio'n gyflym i goeden arall fel petai ar wifren wib, neu *zipwire*. Mae'n aderyn cyffredin – mae tua chwarter miliwn o barau – er eu bod yn anodd i'w gweld oherwydd mae ganddyn nhw guddliw gwych. Mae'n edrych fel llygoden fach yn cropian i fyny'r boncyff. Mae'n aderyn annibynnol ond yn y gaeaf maen nhw'n dod at ei gilydd ac yn **clwydo** mewn twll y tu fewn i goeden, yn enwedig coeden Wellington o Galiffornia. Mae hyd at 14 dringwr bach yn ymgasglu gyda'i gilydd weithiau, i gysgu a chadw'n gynnes.

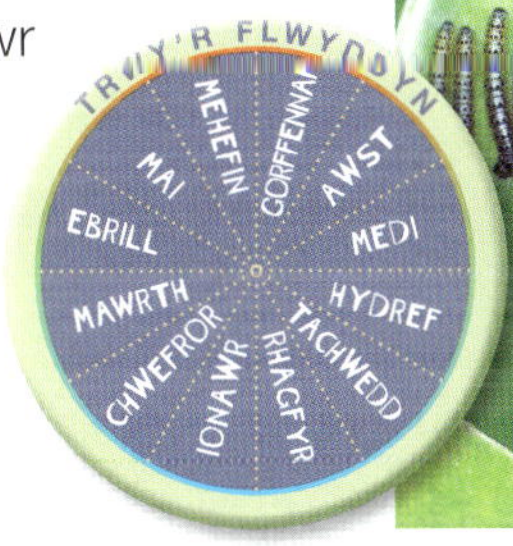

Yn cripian a chropian
Aiff hwn drwy'r coed,
Y dringwr bach gorau
A welsoch erioed!

Drudwy

Ffaith Ffab!

Mae drudwyod yn gallu copïo synau llawer o anifeiliaid fel tylluan, iâr, gylfinir, cath, ci, gafr a broga. Mewn trefi a dinasoedd gallan nhw ailadrodd sŵn larwm car a ffôn symudol.

Enw Saesneg: Starling

Mwy o enwau Cymraeg:

Aderyn yr Eira a Deryn Drycin

Maint: 21.5cm

Bwyd: Pryfed, mwydod, pryfed cop, malwod, **gwlithod**, ffrwythau, hadau, gwreiddiau ac aeron

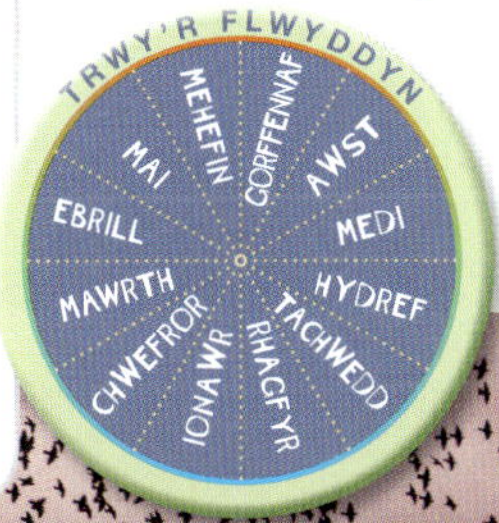

Drudwy Dramatig

Mewn sawl lle yng Nghymru gallwch weld drudwyod yn ymgasglu i glwydo am y nos, nid yn eu degau nac yn eu cannoedd, ond yn eu miloedd! Os ewch i Aberystwyth gallwch weld tua 10,000 yn clwydo ar y pier, ond cyn iddyn nhw setlo i lawr am y nos byddan nhw'n hedfan o gwmpas fel cymylau du. Mae gwyddonwyr wedi darganfod bod un drudwy yn cadw llygad ar saith drudwy arall er mwyn gwybod ble maen nhw o gymharu â'r adar eraill. Y rheswm maen nhw'n hedfan fel haid yw er mwyn ei gwneud hi'n anodd i adar ysglyfaethus eu dal a'u bwyta.

Roedd y cyfansoddwr Mozart
Yn cadw drudwy yn y tŷ,
A chopïodd ef ei fiwsig
Yng nghonsierto rhif 453.

(Mae gan bob consierto – darn o gerddoriaeth ar gyfer cerddorfa ac offeryn unigol – gan Mozart rif arbennig. Consierto i'r piano yw Consierto rhif 17, K453.)

Dryw

Ffaith Ffab!

Ar un adeg byddai pobl yn hela'r dryw ar Ddydd San Steffan, 26 Rhagfyr, ac yn canu caneuon ar ôl ei ladd.

Enw Saesneg: Wren
Mwy o enwau Cymraeg: Chwynnwr, Powlyn Bach a Pompen
Maint: 9.5cm
Bwyd: Pryfed bach, pryfed cop a hadau mân

Dryw Diwyd

Mae'r aderyn yma yn un o'r rhai lleiaf ym Mhrydain, ond mae ganddo lais uchel iawn, gan alw 'tsiac tsiac cac' neu ambell waith sŵn hir tebyg i 'trrrrrrrrr'.
Os gwelwch chi'r dryw bydd gan amlaf yn cuddio mewn trwch o dyfiant a'i gynffon fach bron wastad i fyny. Mae'n ddiddorol bod ei enw yn Gymraeg ac yn Saesneg yn fyr iawn, dim ond 4 llythyren – sy'n siwtio aderyn mor fyr! Maen nhw'n cael eu heffeithio'n ddrwg gan dywydd oer, a byddan nhw'n cadw'n glòs at ei gilydd i gadw'n gynnes, gyda hyd at ddeg dryw bach yn cuddio mewn un gneuen goco yn yr ardd.

Gyda ni mae perllan,
A dryw bach ynddi'n hedfan.

(Darn o hen gân o Gydweli, Sir Gaerfyrddin)

Dryw Eurben

Ffaith Ffab!

Mae dryw eurben yn pwyso'r tua'r un faint â darn 5 ceiniog!

Enw Saesneg: Goldcrest
Mwy o enwau Cymraeg: Brenhinyn, Dryw Melyn Cribog a Titw Pen Bawd
Maint: 9cm
Bwyd: Pryfed a phryfed cop

Eurben Arbennig

Y dryw eurben yw'r aderyn lleiaf ym Mhrydain. Mae rhai'n dweud ei fod yr un maint â bys bawd oedolyn ond mae'n faint dau fys bawd plentyn. Ei hoff gartref yw coed pin; peidiwch â disgwyl ei weld ar eich tro cyntaf, ond efallai y byddwch yn ei weld pan na fyddwch chi'n chwilio amdano hyd yn oed!

Er ei fod yn fach, mae'n fwy dewr na rhai o'r adar mwyaf, fel colomennod. Mae'n adeiladu ei nyth o we pry cop, **mwsog** a phlu, a gallwch ffeindio'i nyth hyd at 15 metr i fyny yn y coed. Mae nifer fawr ohonyn nhw'n nythu yng Nghymru.

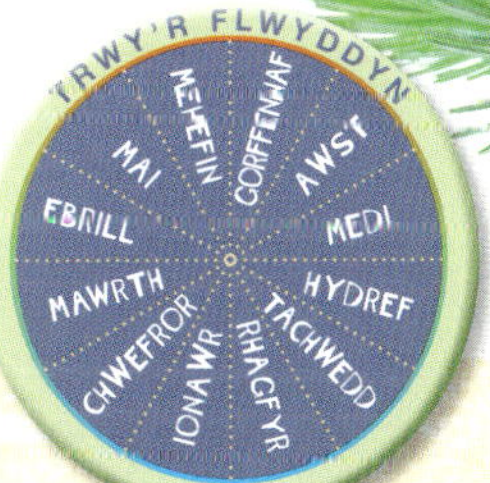

Hen beth bach ond prysur yw,
Aur ar ei ben a chorff fel dryw,
Mae'n hoff o fyw mewn coedydd pin,
Mae wastad yn hapus, byth yn flin.

Ehedydd

Ffaith Ffab!

Fe wnaeth yr ehedydd ysbrydoli un o'r darnau mwyaf poblogaidd o gerddoriaeth glasurol, sef *The Lark Ascending* gan Ralph Vaughan Williams.

Enw Saesneg: Skylark

Mwy o enwau Cymraeg:
Meilierydd, Etidd a Larcen

Maint: 19cm

Bwyd: Hadau chwyn, dail meillion, mwydod, chwilod, pryfed cop a grawn

Ehedydd Hyfryd

I feirdd fel Wordsworth a Shelley, roedd yr aderyn yma yn ysbrydoliaeth oherwydd ei gân, sy'n gallu para am 5 munud yn ddi-stop. Bydd yr ehedydd yn canu wrth esgyn i'r awyr, ac yn parhau i ganu nes ei fod yn uchel yn yr awyr, mor uchel nes ei fod yn amhosib i'w weld. Mae'n nythu ym mhob sir yng Nghymru ac mae'n hoffi tir agored fel ffermdir, corsydd ar lan y môr, twyni tywod ac ucheldir.

Yn Oes Fictoria roedd pobl yn dal yr aderyn yma ac mewn un farchnad yn Llundain roedd hyd at 40,000 ehedydd marw yn cyrraedd mewn sachau bob dydd ac roedd trên ar ôl trên yn cyrraedd y ddinas yn cludo ehedyddion yn unig. Yn ffodus, daeth cyfraith newydd yn 1931 i amddiffyn yr ehedydd rhag niwed.

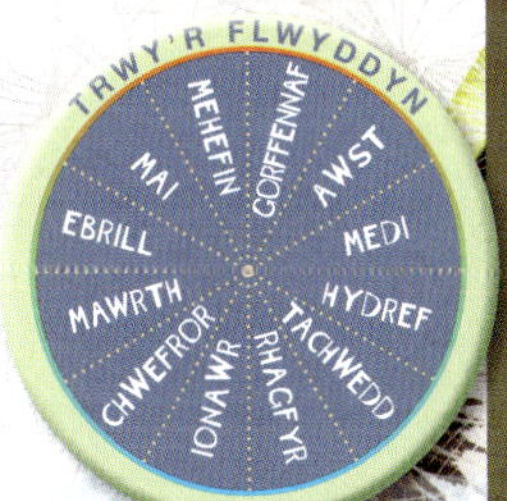

Marwnad yr Ehedydd

Mi a glywais fod yr hedydd
Wedi marw ar y mynydd,
Pe gwyddwn i mai gwir y geirie
Awn â gyr o wŷr ac arfe
I gyrchu corff yr hedydd adre.

(Cân draddodiadol)

Ffesant

Ffaith Ffab!

Mewn un diwrnod yn unig yn 1913 saethodd Brenin Siôr V a'i gyfeillion 3,937 o ffesantod, sef y record ym Mhrydain.

Enw Saesneg: Pheasant
Mwy o enwau Cymraeg: Coediar, Ceiliog Gêm a Cheiliog y Coed
Maint: Gwryw: 83cm; Menyw: 58cm
Bwyd: Llawer o wahanol anifeiliaid, llysiau, ffrwythau, hadau a dail

Ffesant Ffantastig!

Does dim tystiolaeth bendant y tu ôl i'r stori taw'r Rhufeiniaid oedd y rhai cyntaf i ddod â'r ffesant i Brydain ond mae cofnod ohono o'r flwyddyn 1059, cyn i'r Normaniaid gyrraedd yn 1066. Ei gartref naturiol yw Asia, o fynyddoedd Cawcasws i Tsieina. Bob blwyddyn mae tua 20,000,000 o adar yn cael eu magu mewn cytiau i'w rhyddhau ar gyfer saethu. Mae gan y gwryw ben porffor, gwyrdd, coch a du, a chynffon hir iawn. Ac mae'r fenyw bron yn hollol frown, sy'n helpu i'w chuddio pan mae hi yn ei nyth. Gall y cywion hedfan cyn tyfu'n llawn, yn wahanol i nifer o adar eraill.

Aderyn fel fflach yn saethu drwy'r tir,
Gwddf bach gwyn a chynffon hir,
Ffesant bach dewr yn osgoi y gwn,
Pam lladd rhywbeth prydferth, ni wn.

Glas y Dorlan

Ffaith Ffab!

Mae rhai'n dweud mai glas y dorlan oedd yr aderyn cyntaf i hedfan allan o Arch Noa, ac oherwydd hynny cafodd liw oren machlud haul ar ei frest a lliw glas yr awyr ar ei gefn.

Enw Saesneg: Kingfisher

Mwy o enwau Cymraeg:

Brenin y Pysgod, Deryn Glas yr Afon a Glas y Geulan

Maint: 16cm

Bwyd: Pysgod bach, chwilod y dŵr a bywyd gwyllt y dŵr

Glas y Dorlan Chwim

Yn aml fe welwch chi fflach o las ar hyd yr afon, ond os ydych chi'n ffodus fe welwch chi las y dorlan yn pysgota neu'n eistedd ar frigyn uwchben y dŵr. Mae'n gallu deifio hyd at 25 milltir yr awr a hyd at 2 droedfedd o dan y dŵr. Wrth ddeifio mae ei adenydd ar led, a'i lygaid yn cael eu gwarchod gan amrannau **tryloyw**. Mae adar eraill wedi dysgu peidio ag ymosod ar las y dorlan gan ei fod yn blasu'n ofnadwy! Mae'n nythu mewn twnnel hyd at 140cm o hyd, a gall gymryd dyddiau i'w greu.

Dyma fflach o las yn hedfan i bob man,
Yn bomio'n wyllt ar hyd y dorlan.
Brenin yw hwn, heb wialen na rhwyd,
Yn dal lot o bysgod achos dyna ei fwyd.

Gwalch Glas

Ffaith Ffab!

Cafodd awyren fach gyflym ei chynhyrchu yn y 1930au a'i galw'n Sparrowhawk.

Enw Saesneg: Sparrowhawk

Mwy o enwau Cymraeg: Gwipa, Gwalch Glas a Curyll Glas

Maint: 28–38cm

Bwyd: Adar bach, llygod a chwningod bach

Gwalch Glas Cyflym

Un o'i fanteision yw ei gyflymder, oherwydd mae'n gallu gwibio i fyny o'r tu ôl i lwyn a dal aderyn bach yn annisgwyl. Mae'r gwryw yn aderyn ysglyfaethus bach iawn, gan bwyso llai na 150 gram (5 owns), a'i brae, fel aderyn y to, yn pwyso llai na 50 gram (2 owns). Mae'r fenyw yn fwy ac yn ymosod ar amrywiaeth o adar – yn wir, dros 120 rhywogaeth o adar bach fel y titw tomos las a'r grugiar ddu. Mae'r gwryw'n gymysgedd o liwiau fel coch rhwd a glas tywyll, a'r fenyw yn gymysgedd o frown a gwyn, ond mae gan y ddau lygaid lliw lemwn llachar.

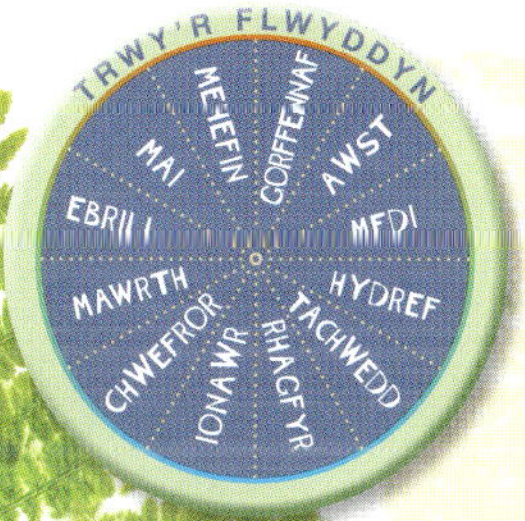

Dyma'r gwalch glas
Yn mynd ar ras,
Fel mellt drwy y coed,
Y cyflymaf erioed.

Gwennol

Ffaith Ffab!

Mae'r wennol yn medru hedfan yr holl ffordd o Gymru i dde Affrica mewn tua 27 diwrnod, sy'n dangos ei bod yn teithio 300 cilometr y diwrnod!

Enw Saesneg: Swallow

Mwy o enwau Cymraeg:

Gwenfol a Gwennol y Simdde

Maint: 18cm

Bwyd: Pryfed sy'n hedfan, pilipalod a gwas y neidr

Gwennol Wanwynol

Pam mae'r wennol yn cyrraedd Cymru mae'n arwydd fod y gwanwyn wedi dod, ond mae'r hen ddywediad yn rhybuddio, 'Un wennol ni wna wanwyn'. Mae'r rhai cyntaf yn cyrraedd o Affrica ddiwedd mis Mawrth, gyda'r rhan fwyaf yn cyrraedd ganol mis Ebrill. Maen nhw'n hoff o fwydo wrth hedfan ar draws ffermydd, a bron wastad yn nythu ar adeiladau. Mae'r wennol â phen coch a glas tywyll, a chynffon sy'n edrych fel dwy nodwydd finiog. Mae'n gallu hedfan yn gyflym iawn – hyd at 14 metr mewn eiliad!

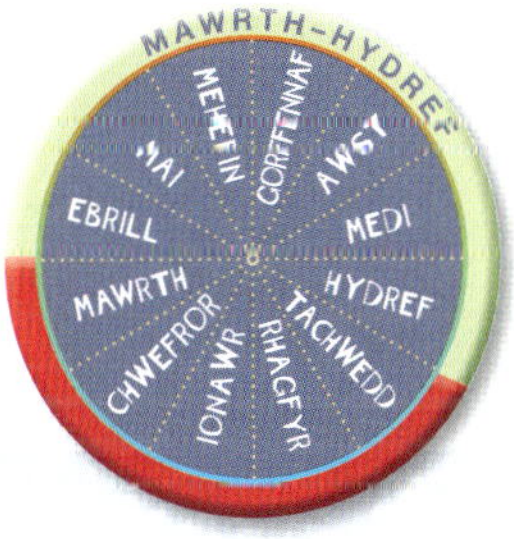

Arwydd o wanwyn,
Fel bwled bach glas,
Dyma chi'r deryn
I ennill pob ras.

Gwennol Ddu

Ffaith Ffab!

Mae'r wennol ddu yn medru gwneud popeth pan mae'n hedfan, gan gynnwys cysgu!

Enw Saesneg: Swift

Mwy o enwau Cymraeg:

Gwrach yr Ellyll, Biwits a Marthin Du

Maint: 16cm

Bwyd: Pryfed, chwilod bach a gwyfynod

Gwennol Wych

Gallwch weld yr aderyn yma bron yn unrhyw le yn Ewrop. Mae'n ymweld â ni yn yr haf ac yn treulio'r gaeaf yn Affrica. Mae ganddi adenydd hir a chynffon fforchog fach, ac mae pob rhan o'i chorff yn frown tywyll, sy'n edrych fel du o bell. Mae'n hedfan fel y gwynt, sy'n esbonio'i henw yn Saesneg, ac yn yr awyr bydd yn curo'i hadenydd yn gyflym ac yn gleidio'n hawdd a chwim, ac yna'n arafu i fwyta, gan agor ei cheg yn llydan fel trap symudol. Mae'n hedfan yn isel mewn tywydd gwael ac yn uchel pan mae'r haul yn disgleirio.

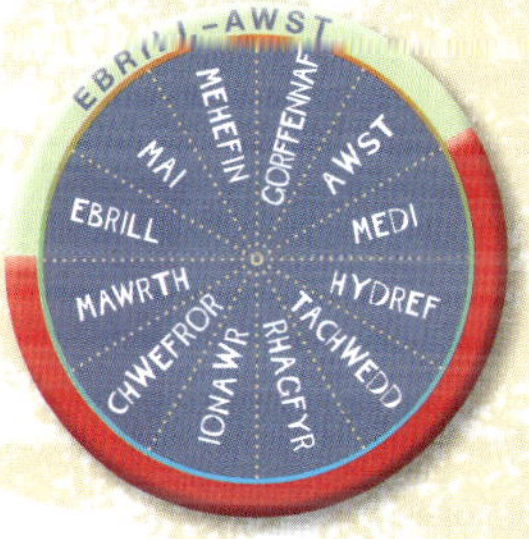

Gwennol ddu
Yn hedfan fry,
Yn sgrechian wrth fynd,
A bant â hi!

Gwennol y Bondo

Ffaith Ffab!

Maen nhw'n bwydo wrth hedfan, a'r unig bryd maen nhw'n cyffwrdd â'r ddaear yw pan maen nhw'n casglu mwd i adeiladu nyth.

Enw Saesneg: House Martin
Mwy o enwau Cymraeg:
Penbwl, Gwennol y Tai
a Marthin Penbwl
Maint: 12.5cm
Bwyd: Pryfed sy'n hedfan,
yn enwedig clêr a phryfed bach

Gwennol y Bondo Bendigedig

Dyma'r wennol fwyaf adnabyddus gan ei bod â phen-ôl gwyn a chorff glas-ddu. Yn wreiddiol roedd yr aderyn yma'n nythu ar glogwyni, ond er bod rhai'n dal i nythu o amgylch y môr o gwmpas Ynys Môn, Ceredigion a Sir Forgannwg, mae nifer fawr yng nghanol trefi lle maen nhw'n adeiladu nythod siâp cwpan o beledi o fwd dan y bondo. Gall un nyth ddal cymaint ag 13 wy ac felly hyd at 13 cyw bach ar y tro. Un o'r pethau wnaeth helpu gwenoliaid y bondo oedd gwella llygredd aer mewn trefi a dinasoedd o'r 1950au ymlaen.

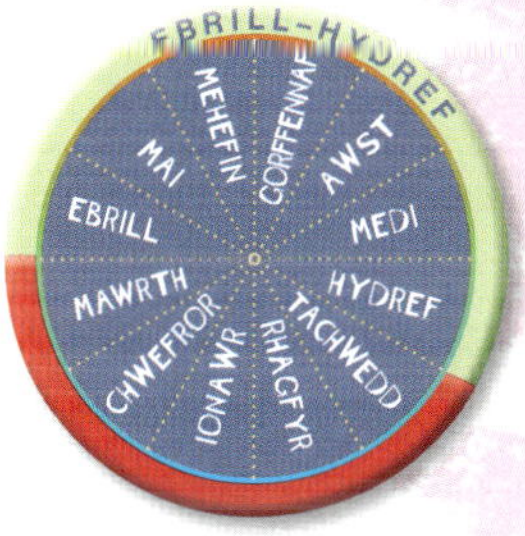

Pryfed i frecwast,
Pryfed i de,
Dyna yw bwydlen y wennol,
Yndê?

Gwennol y Glennydd

Ffaith Ffab!

Yng Nghymru mae ambell nythfa o wenoliaid y glennydd, fel ym Mhorthdinllaen a Phorth Neigwl, mewn clogwyni ar lan y môr lle mae'r adar wedi bod yn dod bob haf ers dros ganrif!

Enw Saesneg: Sand-martin

Mwy o enwau Cymraeg:

Gwennol y Dŵr, Gwennol y Traeth a Gwennol y Llynnoedd

Maint: 12cm

Bwyd: Mosgitos, clêr bach a phryfed eraill sy'n hedfan dros y dŵr

Gwennol y Glennydd Ysblennydd

Mae'r ymwelydd haf yma yn un o'r rhai cyntaf i gyrraedd Cymru yn ystod y flwyddyn, a gallwch ei weld o ganol mis Mawrth ymlaen. Mae'n nythu mewn twnnel mewn wal neu wrth ochr afon. Bydd pob twnnel tua 60–90cm o hyd, a bydd pâr yn creu un o'r rhain gyda'u pigau bach gwan a'u traed bach, gan gloddio 8–10cm bob dydd. Dydyn nhw ddim yn lliwgar achos mae eu cefnau'n frown ond mae ganddyn nhw ên a bol gwyn, a choler frown drawiadol. Maen nhw'n adar prysur iawn gan eu bod yn chwilio am fwyd yn gyson. Yn yr hydref bydd y wennol fach yn hedfan yr holl ffordd i orllewin Affrica i dreulio'r gaeaf.

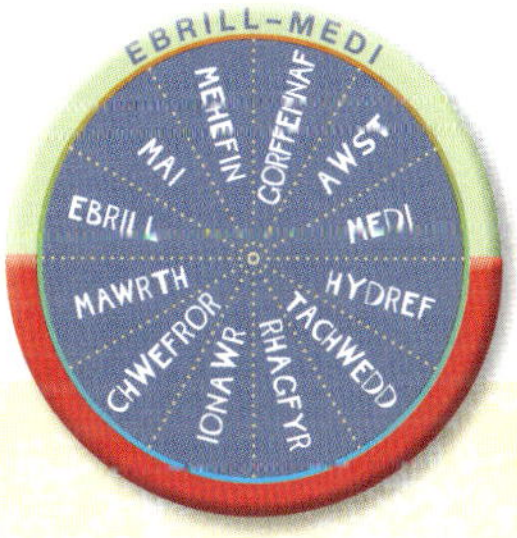

Fel ma Dad yn hoffi bwyta Doritos
Ma'r wennol fach yn bwyta mosgitos,
Ac yna gwledd o glêr i de.
Dyna chi fwydlen od, yndê?

Gwyach Fawr Gopog

Ffaith Ffab!

Mae cloddio cerrig o'r chwareli ar gyfer adeiladu tai wedi arwain at greu llynnoedd perffaith i'r wyach yn yr hen chwareli.

Enw Saesneg:

Great Crested Grebe

Mwy o enwau Cymraeg:

Wil y Wawch a Dowciar

Maint: 49cm

Bwyd: Pysgod bach, planhigion dŵr ac **algae**

Gwyach Gopog Godidog

Yn Oes Fictoria roedd menywod yn hoff iawn o wisgo hetiau wedi eu haddurno â phlu'r wyach fawr gopog. Yng nghanol y 19eg ganrif, dim ond 42 pâr oedd ar ôl yn Lloegr, ac yng Nghymru doedd dim parau o gwbl tan 1882 pan welwyd un pâr yn Llyn Safaddan ger Aberhonddu. Yn y gwanwyn mae gwyachod yn dawnsio ar wyneb y dŵr gan godi'u cyrff yn syth, siglo'u pennau, a rhoi anrhegion i'w gilydd, sef darnau bach o blanhigion gwyrdd, ac yn rhwbio un frest yn erbyn y llall. Un peth rhyfedd arall amdani yw ei bod yn cario'r cywion ar ei chefn wrth nofio, yn debyg iawn i dacsi dŵr. Erbyn heddiw mae mwy na 12,000 o oedolion ym Mhrydain.

Hon sy'n hyfryd wrth ymyl y llyn,
Gwyach gopog gyda gwddf hir gwyn,
Os y'ch chi'n lwcus fe gewch chi siawns
I weld ei hynod, hyfryd ddawns,
Dau aderyn yn dawnsio'n dynn,
Ac nid yw bellach yn aderyn prin.

Gwybedog Brith

Ffaith Ffab!

Mae poblogaeth gwybedog brith Cymru yn bwysig yn nhermau Prydain gyda bron hanner – tua 37,500 o adar – yma am ychydig o fisoedd yn yr haf.

Enw Saesneg: Pied Fly-catcher

Mwy o enwau Cymraeg: Clochdar y Mynydd, Gwybedwr Aml-liw a Gwybedog Cefnddu

Maint: 12cm

Bwyd: Gwybed, chwilod sy'n hedfan, pilipalod a gwyfynod

Gwybedog Gwych

Dros y 50 mlynedd diwethaf mae'r gwybedog brith wedi ymestyn ei diriogaeth o Gymru i siroedd yn Lloegr ac i fyny i dde'r Alban. Mae'r gwryw yn aderyn trawiadol gyda'i blu du a gwyn, fel petai'n gwisgo *tuxedo*, neu siwt ddu yn barod i fynd am ginio crand. Dydyn nhw ddim yn hawdd i'w gweld gan eu bod yn cadw at dop y coed, fel arfer coed deri. Maen nhw'n treulio'r haf yng Nghymru ac yn treulio'r gaeaf mor bell â gorllewin Affrica.

Welsoch chi'r gwybedog brith
Yn fflach du a gwyn gerbron y nyth?
Yma yn yr haf, yna'n dilyn yr haul,
Rhwng Cymru ac Affrica am yn ail.

Gŵydd Canada

Ffaith Ffab!

Y person cyntaf i ddod â gŵydd Canada i Brydain oedd Brenin Iago II a wnaeth eu hychwanegu i'w gasgliad o hwyaid a gwyddau ym Mharc St James, Llundain.

Enw Saesneg: Canada Goose
Mwy o enwau Cymraeg:
Gŵydd Dorchawg
Maint: 90–100cm
Bwyd: Llysiau, gwair a phryfed

Gŵydd Gwlad Arall

Un o'r pethau mwyaf amlwg am ŵydd Canada yw ei phen du a gwyn, a'i gwddf hir, du. Cyrhaeddodd Brydain dros 300 o flynyddodd yn ôl, fel aderyn dof, pan oedd casglwyr Oes Fictoria yn eu rhyddhau ar lynnoedd. Ar ôl dianc dyma nhw'n troi'n adar gwyllt, ac erbyn 1953 roedd 2,600–3,600 o wyddau Canada ym Mhrydain. Mae eu poblogaeth wedi tyfu wrth y cannoedd ers hynny ac mae'n debyg bod tua 61,000 yma bellach. Mae'r aderyn yn broblem mewn sawl ffordd (mae Bill Bailey, y comedïwr, yn eu casáu), yn enwedig i gwmnïau awyronnau oherwydd ei fod yn gallu hedfan i mewn i injan y jetiau.

'Honc, honc, honc,'
Medd y gwyddau hyn
Sy'n fawr ac yn swnllyd
Wrth y llyn.

'Honc, honc, honc.'
Mae'r aderyn yn bla.
O plis, Mr Gŵydd,
Cer yn ôl i Ganada!

Gwylan Benddu

Ffaith Ffab!

Mae tua 220,000 o barau (sef 440,000 o adar unigol) yn nythu ym Mhrydain ac Iwerddon, ac mae mwy na chwarter y rheini yn nythu mewn dau le – Lough Neagh, llyn enfawr yng Ngogledd Iwerddon, a Sunbiggin Tarn, yng Nghymbria, gogledd Lloegr.

Enw Saesneg: Black-headed Gull

Mwy o enwau Cymraeg:
Gwylan y Gweunydd,
Gwylan Llyn Conwy a Brân y Môr

Maint: 36cm

Bwyd: Gwastraff bwyd,
crancod, gwyfynod, malwod,
mwydod a phryfed

Gwylan Benddu Fendigedig

Does dim pen du gan yr wylan benddu, ond un lliw siocled brown. Sdim pwynt edrych am y pen 'du' yn y gaeaf oherwydd mae'n colli ei lliw siocled. Dyma'r wylan fwyaf cyffredin ym Mhrydain – yn y gaeaf mae 2.2 miliwn o wylanod penddu yn cyrraedd yma o wledydd eraill. Doedden nhw ddim yn gyffredin mewn trefi a dinasoedd, ond tua can mlynedd yn ôl dechreuodd yr adar deithio i fyny ar hyd afon Tafwys, yn Llundain, yn ystod cyfnodau o dywydd oer. Yna dechreuodd pobl daflu bara a bwydydd eraill iddyn nhw, gan fagu perthynas agos iawn.

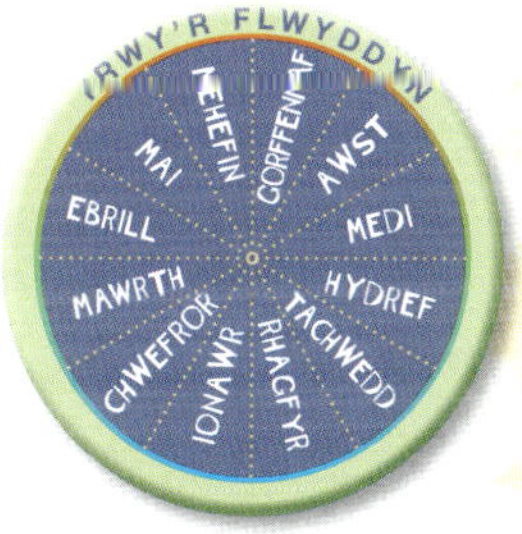

Gyda'i phen lliw siocled fel Toblerone
Cewch ei gweld o Abertawe i Ynys Môn.
Ei henw sy'n od, felly pam, ddweda i,
Fod aderyn pen brown yn wylan ben ddu?

Gwylan Gefnddu Leiaf

Ffaith Ffab!

Mae'r haid fwyaf o nythod gwylanod mewn tref i'w chael yng Nghaerloyw, yn Lloegr. Mae'n ymestyn dros filltiroedd o doeau adeiladau lle mae dros 2,000 o barau yn nythu.

Enw Saesneg: Lesser Black-backed Gull

Mwy o enwau Cymraeg:

Gwylan Ddu a Gwyn

Maint: 58cm

Bwyd: Sbwriel, pethau marw, pysgod, pysgod cregyn, mwydod, pryfed, llygod, llygod y maes, adar, wyau, gwymon a grawn

Gwylan Gyfarwydd

Y rheswm am yr enw yw bod aderyn o'r enw gwylan gefnddu fwyaf sydd, wrth gwrs, yn fwy o faint. Fe wnaeth gwyddonwyr dracio un wylan a darganfod ei bod yn teithio tua 27 milltir y diwrnod ac yn hedfan o'r Iseldiroedd i Brydain, i dde Ewrop neu i ogledd-orllewin Affrica, sy'n golygu ei bod yn un o'r adar mwyaf hamddenol. Mae'r wennol yn gallu hedfan gymaint â hynny mewn awr! Maen nhw'n nythu ar ben tai a ffatrïoedd yn ogystal ag ar ynysoedd a glan y môr. Y cofnod cyntaf o'r wylan gefnddu leiaf yn nythu ar ben ffatri oedd yn 1945 ym Merthyr Tudful, Morgannwg. Mae 88,000 o barau ym Mhrydain ac Iwerddon, sef 40% o gyfanswm yr adar yn Ewrop gyfan.

Mae ambell berson yn mynd o'i go'
Oherwydd y sŵn sy'n dod o'r to,
Gwylan sy'n nythu gan grio fel cath.
Dyna i chi wylan na welsoch mo'i bath!

Gylfinir

Ffaith Ffab!

Roedd gan bobl hawl i saethu'r gylfinir hyd at 1981, pan newidiwyd y gyfraith i warchod yr aderyn.

Enw Saesneg: Curlew

Mwy o enwau Cymraeg:
Chwibanogl y Mynydd,
Pegi Big Hir a Whibanwr

Maint: 50–60cm

Bwyd: Creaduriaid bach yn y mwd, pysgod bach, gwymon, mwydod, mwyar a hadau chwyn

Gylfinir Hirgoes

Dyma'r aelod mwyaf o deulu'r rhydyddion, sef adar hirgoes sy'n byw wrth y dŵr ac yn bwyta pysgod. Mae ganddo big hir wedi plygu, sy'n rhoi gwell cyfle iddo ddal bwyd. Mae tua 47,000 o barau ym Mhrydain ac Iwerddon ac yn y gaeaf bydd miloedd o adar yn hedfan draw i nythu yma. Yn y gwanwyn mae'r adar yma'n dawnsio yn yr awyr ac mae eu cri 'cwr-li' yn hawdd i'w adnabod. Mae'r fenyw yn fwy na'r gwryw ac mae ei phig hefyd yn hirach a gall un aderyn bwyso 1.36kg neu 3 phwys. Mae nifer yr adar sy'n treulio'r gaeaf yng Nghymru wedi codi tipyn dros y blynyddoedd – rhwng 1963 ac 1971 roedd 4,415 o adar unigol ond erbyn diwedd y 1980au roedd dros 40,000 o barau.

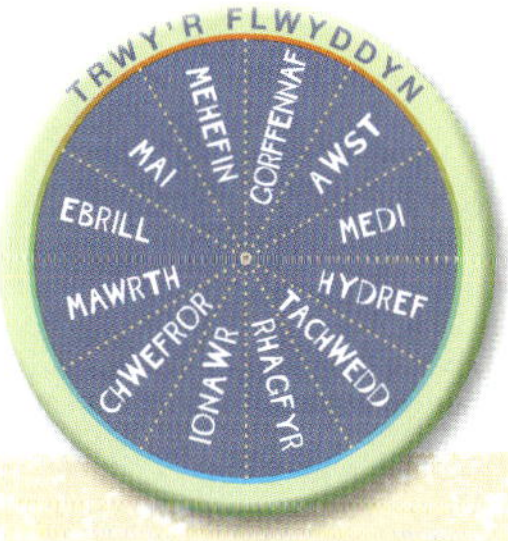

Yma y mae fy lle, yng ngarwedd yr ucheldir
lle mae'r gigfran a'r gylfinir,
a'r defaid – eneidiau cyfeiliorn i gyd;
pethau hen, Cymraeg, elfennig,
pethau sydd – a hynny yn ddiddarfod –
hyd lefelau dyfnaf fy mod.

(Darn allan o 'Yma y Mae Fy Lle' Gwyn Thomas)

Hebog Tramor

Ffaith Ffab!

Y ras ryfeddaf yn hanes yr hebog tramor oedd hedfan ar ôl ehedydd trwy dwnnel, hyd nes ei fod 360 troedfedd (100 metr) dan ddaear!

Enw Saesneg: Peregrine Falcon

Mwy o enwau Cymraeg:

Cudyll Glas y Graig a Bòd Glas

Maint: 36–48cm

Bwyd: Adar a chwningod

Hebog Hynod

Dyma'r aderyn cyflymaf yn y byd i gyd, a phan mae'n cwympo fel carreg i ymosod ar golomen neu gwningen, mae'n medru cyrraedd cyflymder o 200 milltir yr awr (320 cilometr yr awr). Yn y 1960au roedd gorddefnydd o blaladdwyr wedi gwenwyno nifer fawr o hebogiaid tramor. Yn 1956 roedd 650 pâr ym Mhrydain, ond erbyn 1962 dim ond 68 pâr oedd ar ôl. Byddai pobl yn defnyddio'r hebog tramor i hela am adar eraill, ac mae sôn am hyn mor bell yn ôl â Chyfraith Hywel Dda tua 940AD. Ond bellach mae'r adar yn niferus yng Nghymru ac maen nhw hyd yn oed yn nythu ar adeiladau tal Caerdydd ac Abertawe.

Edrychwch ar y c'lomennod yn gwasgaru
Oherwydd yr hebog, sy'n glou fel Ferrari,
Yn gyflym fel roced, yn hedfan mor chwim,
Mae pob deryn arall yn edrych yn syn
Ni all moto-beic wibio'n ffastach na hwn
Fel saeth mas o fwa, neu fwled o wn,
Does ganddo ddim helmed, na brêcs ar ei blu,
Ond mae'n mynd fel y boi, a dyna chi sbri!

Hwyaden Wyllt

Ffaith Ffab!

Wrth iddi nosi maen nhw'n hedfan o'r llyn ac yn mynd i dir fferm neu i'r aber neu hyd yn oed i lan y môr i gysgu.

Enw Saesneg: Mallard
Mwy o enwau Cymraeg: Corshwyad a Garanhwyad
Maint: 58cm
Bwyd: Hadau, blagur, planhigion tanddwr a bwyd anifeiliaid eraill

Hwyaden Helaeth

Mae'n nodedig am ei bod mor gyffredin, a hefyd oherwydd ei hadenydd a phen lliwgar y gwryw. Mae'r lliwiau arni yn cynnwys glas ar yr adenydd, a gwyrdd ar ben y gwryw. Hi sy'n creu'r sŵn cwac cyffredin ac mae ei phoblogaeth wedi tyfu'n sylweddol dros y 50 mlynedd diwethaf. Os byddwch yn gweld y gwryw yn ystod yr haf fe welwch fod y lliw wedi diflannu, fel y cyffion o ddwylo Harry Houdini, y consuriwr. Y rheswm am hynny yw bod yr hwyaden yn colli un set o blu ac yn tyfu set newydd.

Os ydych yn ei gweld ben i waered yn y dŵr peidiwch â phoeni – dyna sut mae'n cael ei bwyd.

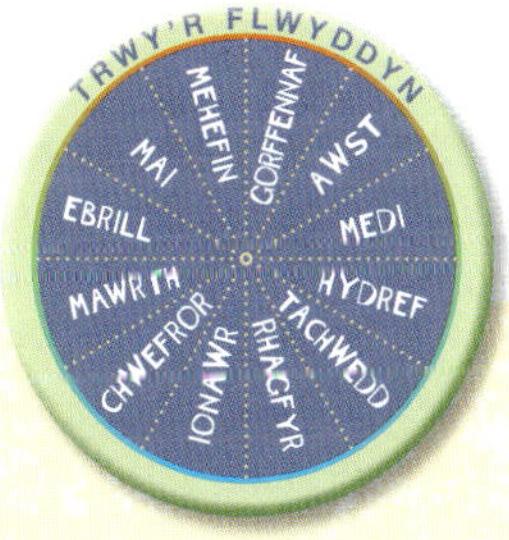

Gyda'i phen yn y dŵr
Dwi ddim yn siŵr
A welais i heddi
Hwyaden yn boddi?!

(Na, dim ond cael brecwast oedd hi.)

Jac-y-do

Ffaith Ffab!

Yn y gaeaf mae jac-y-dos yn hoffi clwydo mewn coedwigoedd gyda 10,000 yn dod at ei gilydd ym Mhen-bre, Sir Gaerfyrddin, ym mis Tachwedd 1976, ac roedd rhyw 4,000 i'w gweld mewn coed ym Mhowys.

Enw Saesneg: Jackdaw

Mwy o enwau Cymraeg:

Jac Ffa, Cogfran, Cawci a Brani Bach

Maint: 33cm

Bwyd: Pryfed, grawn, hadau chwyn, ffrwythau gwyllt, cywion ac wyau adar eraill, anifeiliaid bychain, tatws a phethau marw

Jac-y-do Disglair

Mae'r rhan fwyaf o frain yn dwyn ond does dim lleidr mwy na'r jac-y-do. Mae'n dwyn wyau a chywion ond weithiau mae'n dwyn pethau diangen neu sgleiniog. Unwaith, yn Malmesbury, de Lloegr, fe wnaeth pâr o jac-y-dos ddwyn 67 o labeli blodau 6 modfedd o hyd wedi'u gwneud o blwm, i adeiladu nyth mewn simne. A thro arall fe wnaeth y naturiaethwr W. H. Hudson weld jac-y-do yng Ngwlad yr Haf yn dwyn brigau oedd yn 7 troedfedd o hyd. Poblogaeth y jac-y-do ym Mhrydain ar hyn o bryd yw 600,000 o barau, ac mae'n dal i dyfu.

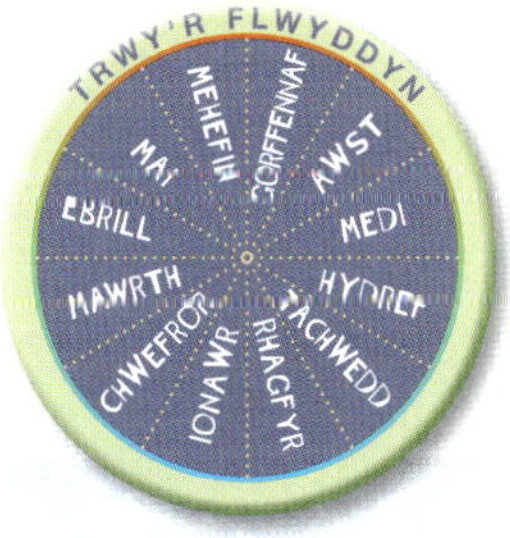

Mi welais jac-y-do
Yn eistedd ar ben to,
Het wen ar ei ben,
A dwy goes bren,
Ho ho ho ho ho ho.

Ji-binc

Ffaith Ffab!

Yn Oes Fictoria byddai pobl yn dal ji-bincod ac yn cynnal cystadlaethau canu rhyngddyn nhw. Roedd y rhai oedd yn canu'n dda yn werth hyd at 50 **swllt**, a oedd yn ffortiwn bryd hynny.

Enw Saesneg: Chaffinch

Mwy o enwau Cymraeg:

Asgell Arian, Gwinc a Jin-Jin

Maint: 14.5cm

Bwyd: Hadau a grawn

Ji-binc Prydferth

Dyma un o'r adar mwyaf cyffredin yng Nghymru. Mae gan y gwryw ben pinc a llwyd, bol pinc a chefn gwyn, du a melyn. Mae miloedd ar filoedd yn dod i Brydain dros y gaeaf, a bydd nifer o'r rhain yn symud ymlaen i Iwerddon. Oherwydd hyn bydd glan y môr ac ynysoedd yn llefydd da i weld y ji-binc yn ymfudo yn ystod y dydd. Yr amser gorau i weld hyn yn digwydd yw'r bore ar ddiwrnod ym mis Hydref. Yn 1966 gwelwyd 20,000 ohonynt yn hedfan dros Ynys Enlli. Hefyd, yn 1987 roedd adar yn hedfan dros Ynys Lawd yn Sir Fôn mewn heidiau mawr ac ar adegau roedd tua 1,800 yn mynd heibio bob awr.

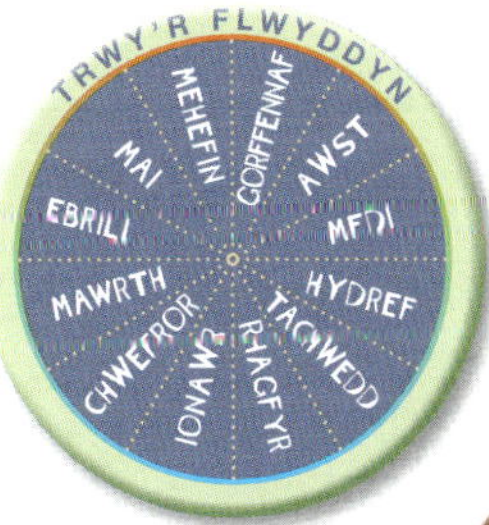

Pwy bynnag dorro nyth y binc
Caiff ei grogi wrth y linc.

(Hen rigwm o Sir Gaerfyrddin)

Gwinc y binc, pinc neu winc,
Asgell dogell, twinc neu sbinc,
Brig y coed, a phyrdinc,
Asgell arian, a Twm jinc,
Brith-ei-asgell, Bili binc,
Neu hyd yn oed, pia'r gwinc.

Llinos

Ffaith Ffab!

Bydd llinosiaid yn gadael Cymru ar ddiwedd y tymor nythu ac yn ymfudo i Ffrainc, Sbaen a Phortiwgal (fel gwyliau bach).

Enw Saesneg: Linnet

Mwy o enwau Cymraeg: Aderyn Cywarch, Gyrnad Llwyd a Melynog

Maint: 13.5cm

Bwyd: Gan amlaf hadau chwyn a phryfed

Llinos Llwyddiannus

Mae'r gwryw yn hawdd i'w adnabod oherwydd y lliwiau hafaidd ar ei fol a striben o ddu ar ei lygaid. Wrth iddo hedfan gallwch weld fflachiadau o wyn. Mae'r enw 'llinos' yn gysylltiedig â'r gair Ffrangeg 'linette' sy'n golygu hadau cywarch. Ar un adeg roedd pobl yn arfer dal llinosiaid er mwyn eu cadw mewn caets yn y tŷ oherwydd bod eu cân mor hyfryd. Maen nhw'n nythu ym mhob rhan o Gymru, yn enwedig o gwmpas clogwyni ar lan y môr, ac mae'r eithin yno yn aml yn gartref i nythfa fach o linosiaid.

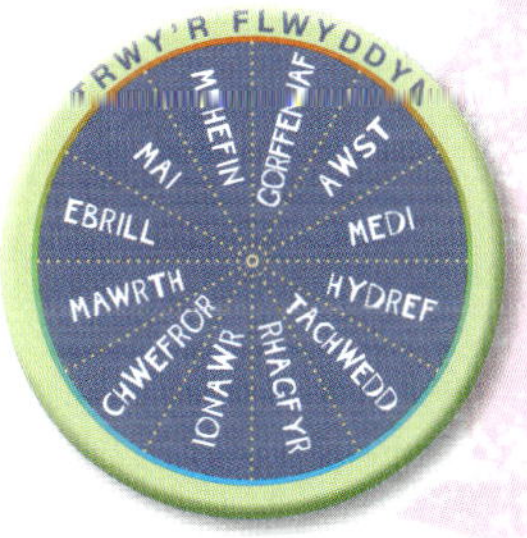

Llinos dlos ar ben y mynydd
Yn canu'n well na'r ehedydd.
Aderyn pert ein broydd ni,
Lan i'r awyr a bant â hi.

Llinos Werdd

Ffaith Ffab!

Yn y gwanwyn mae'r gwryw yn denu cymar trwy wneud dawns yn yr awyr lle mae'n agor a chau ei adenydd yn araf fel pilipala!

Enw Saesneg: Greenfinch

Mwy o enwau Cymraeg: Siencyn Cywarch, Tlws y Berth ac Asgell Werdd

Maint: 15cm

Bwyd: Hadau, ffrwythau gwyllt ac aeron

Llinos Leol

Mae'r aderyn yma wedi addasu i gyd-fyw gyda phobl, felly dydy e byth yn bell iawn o'n gerddi a'n pentrefi. Yn y tymor nythu yn enwedig, maen nhw'n cadw'n agos at barciau, gerddi trefol ac ardaloedd gwyllt o fewn trefi. Mae pobl yn bwydo adar â hadau a chnau mwnci yn yr ardd, ac mae'r llinos werdd, gyda'i phig cryf, yn hoff iawn o fwydo ar ddanteithion fel y rhain. Yng Nghymru maen nhw'n fwy niferus yn y dwyrain, ac maen nhw bron yn absennol ar dir uchel. Yn y gaeaf maen nhw'n dod at ei gilydd, weithiau hyd at 1,500 ohonyn nhw!

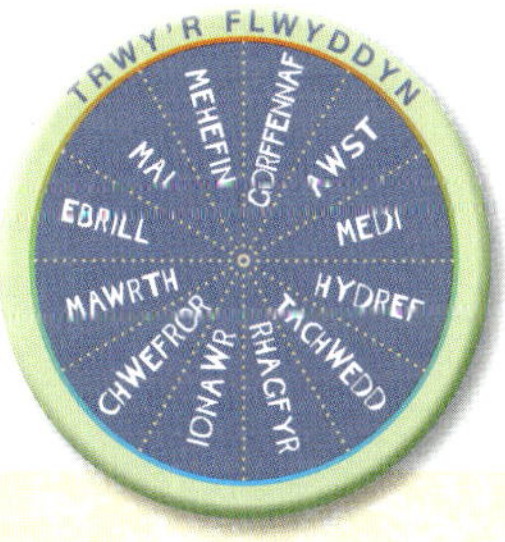

Gwyrdd fel glaswellt yw fy mhlu,
Gwyrdd fel deilen, welwch chi,
Gwyrdd fel broga, gwyrdd fel coed,
Y llinos werdd yw'r delaf erioed.

Mulfran

Ffaith Ffab!

Mae pobl yn Tsieina a Japan yn defnyddio'r fulfran i bysgota drostyn nhw trwy glymu rhaff iddi fel na all hedfan i ffwrdd, ac yn rhoi cylch o gwmpas ei gwddf fel na fydd yn gallu bwyta'r pysgod mae'n eu dal!

Enw Saesneg: Cormorant

Mwy o enwau Cymraeg:

Aderyn y Bwn, Wil Wal Waliog, Llanc Llandudno a Bilidowcar

Maint: 90cm

Bwyd: Pysgod

Mulfran y Môr

Un farus yw'r fulfran sy'n medru bwyta ei phwysau ei hun o bysgod bob diwrnod. Mae'n nofio'n bwerus o dan y dŵr gan wasgu ei hadenydd yn dynn at ei chorff, a symud yn ei blaen gan ddefnyddio'i thraed mawr cryf. Mae'n medru cadw pysgod yn ei gwddf, ac yn aml byddwch yn gweld y fulfran yn sefyll ar bostyn gyda'i hadenydd ar led, er mwyn sychu ei phlu. Mae'r fulfran yn perthyn i deulu'r pelican, sef un o'r adar môr mwyaf cyffredin, ac mae un nythfa yng Nghraig yr Aderyn, ger Tywyn, sydd ddwy filltir o'r môr. Mae'n bosib bod adar yn nythu yma ers cyfnod cyn hanes pan oedd y môr yn torri yn erbyn y creigiau yma.

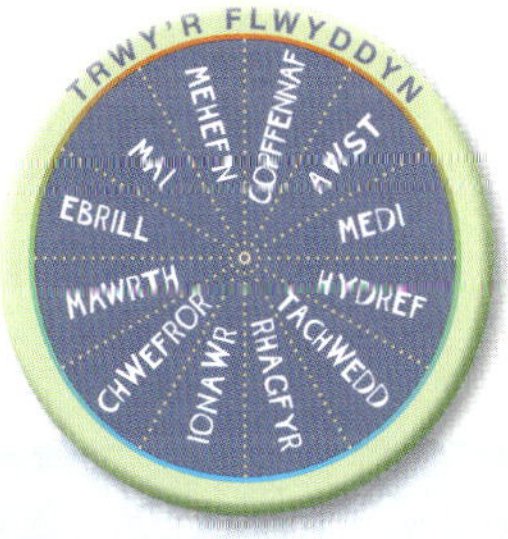

Dyma'r pysgotwr gorau erioed
Yn gwibio drwy'r dŵr dan bŵer dwy droed,
Plu gwyrdd-ddu amdani a melyn ei phig,
Mae'n gwneud i bysgotwyr deimlo yn ddig.

Mwyalchen

Ffaith Ffab!

Mae cân yn Saesneg sy'n dechrau fel hyn: 'Sing a song of sixpence, a pocket full of rye, Four and twenty blackbirds baked in a pie.' Yng nghyfnod y Tuduriaid byddai cogydd yn rhoi adar byw o dan y pestri mewn pei a byddai'r rhain yn hedfan yn rhydd wrth dorri i mewn iddo.

Enw Saesneg: Blackbird

Mwy o enwau Cymraeg:

Pigfelen, Aderyn Du a Gwyalchen

Maint: 25cm

Bwyd: Pryfed a'u larfa, mwydod, ffrwythau a hadau

Mwyalchen Fwyn

Dyma un o adar mwyaf cyffredin yr ardd, ac mae ganddi un o'r caneuon mwyaf cyfoethog. Yn aml mae'n canu ar dai ac erials teledu. Mae tua 6 miliwn o barau ym Mhrydain ac Iwerddon, a gallwch eu gweld o Ynysoedd Heledd yng ngogledd yr Alban hyd at Ddyfnaint yn ne Lloegr. Dim ond dau fath o adar sydd yn fwy cyffredin, sef y dryw a'r ji-binc. Tan y 18fed ganrif roedd y fwyalchen yn byw mewn coedwigoedd yn unig, ond yna dechreuodd symud i mewn i barciau a gerddi. Mae'r gwryw yn un o'r adar hawsaf i'w adnabod gan ei fod bron yn hollol ddu a'i big yn felyn llachar.

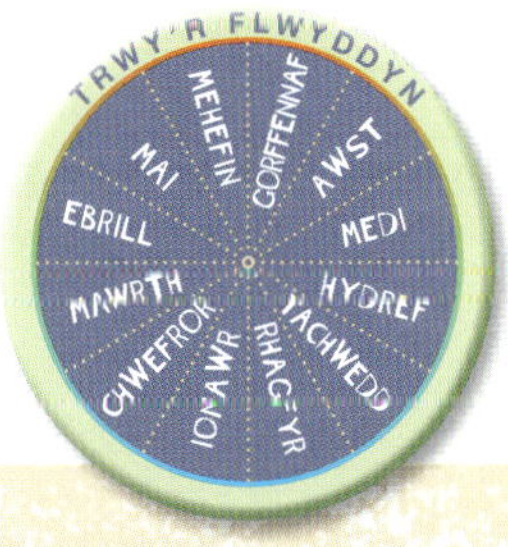

Ba artist â chân bertach, – hwyr denor
Du ei ŵn fel mynach?
Dyma gerddor rhagorach
Na Johann Sebastian Bach.

(T. Llew Jones)

Nico

Ffaith Ffab!

Yn yr Eidal roedd pobl yn credu os oeddech yn dal nico ar ddarn o linyn y byddai'n gallu gwella pobl.

Enw Saesneg: Goldfinch

Mwy o enwau Cymraeg: Teiliwr Llundain, Asgell Aur a Phengoch yr Oeryn

Maint: 12cm

Bwyd: Hadau ysgall, dant y llew, chwyn eraill a hadau coed

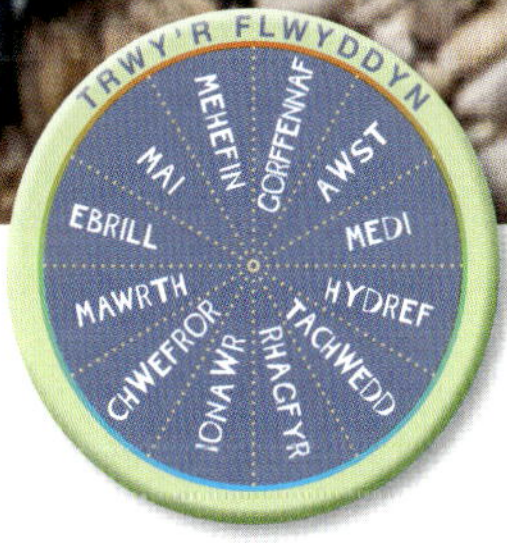

Nico Nodweddiadol

Y nico yw un o'r adar mwyaf prydferth a hynod oherwydd y streipiau llachar ar ei wyneb a'i adenydd. Yn yr awyr mae'r nico fel arfer yn felyn llachar ar ei adenydd a gwyn ar ei ben-ôl. Yn 1860 cafodd 132,000 eu dal mewn **maglau** yn Worthing, Sussex. Diolch byth bod maglu yn anghyfreithlon y dyddiau hyn. Mae tua 275,000 pâr o nicos ac mae'r boblogaeth yn dal i dyfu.

Dyma chi aderyn hynod o hardd,
Yn nythu mewn perllan, yn bwyta'n yr ardd,
Yn goch ac yn wyn, yn felyn a du,
Mae'r nico yn garnifal lliwgar o blu.

Pâl

Ffaith Ffab!

Mae'r pâl yn gallu hedfan 75km y diwrnod i chwilio am fwyd, a hedfan 75km adref hefyd, felly 150km i gyd!

Enw Saesneg: Puffin

Mwy o enwau Cymraeg:

Pwffin, Cornicyll y Dŵr a Pwffingen

Maint: 28cm

Bwyd: Anifeiliaid bach y môr gan gynnwys pysgod

Pâl

Y pâl yw un o'r adar mwyaf doniol yn y byd oherwydd mae'i gywion yn edrych fel pom-poms, a phan fydd yr oedolyn yn hedfan mae ei goesau yn edrych fel sachau trwm o datws. Mae ei big yn driongl o liwiau oren, melyn a glas. Gall y pâl gario nifer o bysgod ar y tro yn ôl i'w nyth. Y cyfartaledd yw tua deg pysgodyn y daith, ond mae'r record ym Mhrydain yn gymaint â 62 pysgodyn ar yr un pryd! Mae ei big hefyd yn cael ei ddefnyddio i balu twll ar gyfer nyth ac i ymladd ambell waith.

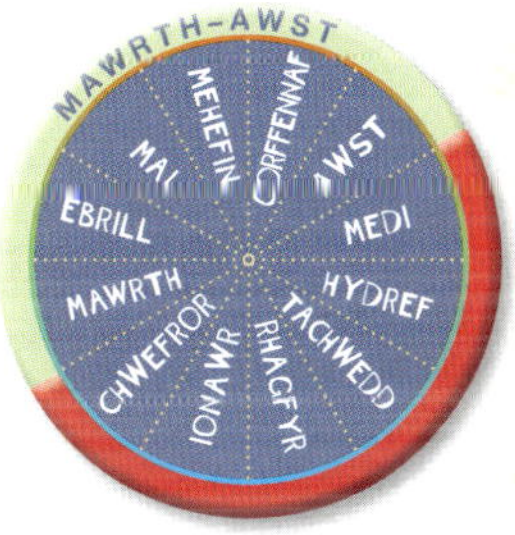

Clown ar ben clogwyn, aderyn diléit,
Mae'r pig yn un lliwgar sy'n handi mewn ffeit,
Bydd miloedd ar ynys yn gwneud lot o stŵr,
Pencampwr pysgota sy'n hedfan dan ddŵr.

Pioden

Ffaith Ffab!

Unwaith fe wnaeth dyn ddechrau ffeindio arian o gwmpas y bath adar yn yr ardd, cyn gweld pioden yn rhoi arian ynddo nes bod £1.70 wedi cael ei gasglu mewn arian sgleiniog!

Enw Saesneg: Magpie

Mwy o enwau Cymraeg: Piogen, Pia a Pi

Maint: 45cm

Bwyd: Pryfed, grawn, ffrwythau gwyllt, hadau, wyau adar llai, anifeiliaid bychain a phethau marw

Pioden Brydferth

Mae bron yn amhosib cymysgu'r lleidr lliwgar yma ag unrhyw greadur arall. Am ganrifoedd yr unig beth, heblaw bwyd, sydd wedi dal llygaid piod yw pethau sgleiniog fel arian. Mae tua miliwn o barau yn byw ym Mhrydain ac Iwerddon. Mae ganddyn nhw adenydd byr a chynffon hir sy'n eu gwneud yn gofiadwy ac yn hawdd i'w hadnabod. Yn yr hen ddyddiau roedd pobl yn arfer **cyfarch** piod trwy godi eu hetiau iddyn nhw. Bydd y bioden yn cuddio bwyd sbâr ond hefyd llwyau, peniau, pensiliau a phapur arian. Mae sawl cerdd Saesneg am biod, fel 'One for sorrow, two for joy, three for a girl, and four for a boy...'

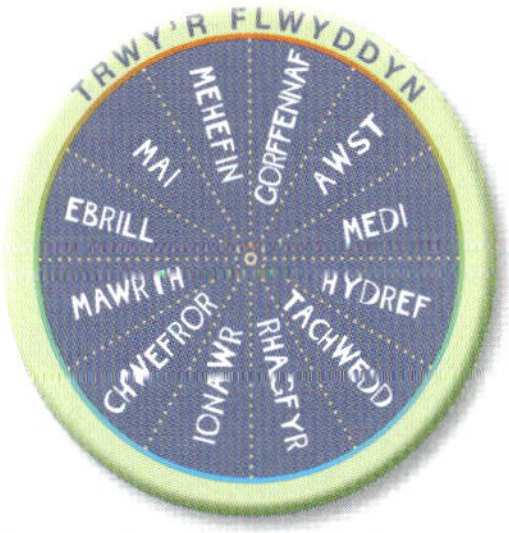

'Ac, ac, ac' yw cri'r bioden,
Lot mwy swnllyd na llygoden,
Du a gwyn yw lliw'r adenydd
Yn chwyrlïo fel hofrenydd.

Pioden y Môr

Ffaith Ffab!

Mae pioden y môr yn medru byw yn hir iawn, hyd at 35 mlwydd oed!

Enw Saesneg: Oystercatcher
Mwy o enwau Cymraeg:
Twm Pib, Llwyd y Llymarch
a Wystryswr
Maint: 43cm
Bwyd: Cocos, cregyn gleision,
crancod a mwydod

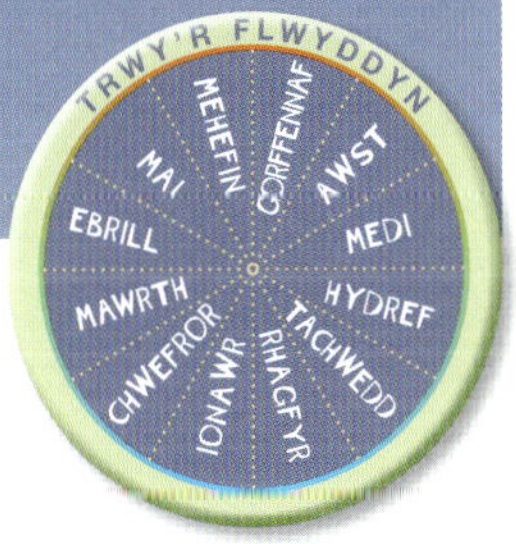

Pioden Berffaith

Dyma un o'r adar hawsaf i'w adnabod oherwydd mae gan yr oedolyn big syth, oren llachar, cylch coch o gwmpas ei lygaid a choesau pinc, ond wrth gwrs y prif liwiau yw du a gwyn. Mae'r enw Saesneg yn hollol gamarweiniol oherwydd dyw'r aderyn bron byth yn bwyta wystrys. Yn y gaeaf bydd adar o'r cyfandir yn ymuno â'r adar sy'n nythu yma nes bod 300,000 o adar ym Mhrydain. Mae pioden y môr yn medru bwyta un gocosen bob 72 eiliad, neu 500 mewn diwrnod.

Yn y 1960au a'r 1970au roedd pobl yn pryderu am effaith y bioden ar niferoedd y cocos ym Moryd Llwchwr fel bod pobl yn cael eu talu i'w saethu.

Pigo, pigo,
Pig fel morthwyl
I dorri cregyn,
Pig fel llwy
I godi mwydyn,
Pig fel yna
Sydd gan hwn
Yn bwrw cocos
Yn rili drwm.

Robin Goch

Ffaith Ffab!

Yn yr hen ddyddiau roedd pobl oedd yn gweithio mewn pyllau glo yn credu bod gweld aderyn gwyllt dan ddaear yn arwydd o **drychineb**. Roedd robin goch wedi cael ei weld ym mhwll glo Senghennydd yn 1901 cyn damwain ddifrifol pan gafodd 81 o ddynion eu lladd.

Enw Saesneg: Robin
Mwy o enwau Cymraeg:
Robin Bola Coch, Brongoch
a Coch-gam
Maint: 14cm
Bwyd: Pryfed, mwydod (pryfed genwair), ffrwythau a hadau

Robin Rhyfeddol!

Y rheswm ei fod mor adnabyddus yw oherwydd ei fol coch a'i wyneb ciwt! Ond cofiwch, nid pob robin goch sydd â bola coch – mae gan robin ifanc fol smotiog. Hefyd, y robin yw un o'r adar mwyaf poblogaidd ym Mhrydain. Mae'n hawdd gweld robin goch yn eich gerddi os ydych chi'n rhoi bwyd mas ac mae rhai yn ddigon cyfeillgar i fwydo o'ch llaw chi. Ond peidiwch cael eich twyllo oherwydd dydyn nhw ddim wastad mor gyfeillgar tuag at ei gilydd. Yn y gwanwyn maen nhw'n fodlon ymladd hyd farwolaeth i gadw'u teyrnas eu hunain.

Robin goch ar ben y rhiniog
A'i ddwy aden fach anwydog,
Ac yn dwedyd was yn smala,
"Mae hi'n oer, mi ddaw yn eira."

Robin goch ar ben y Berwyn,
Dweud daw gwyn i hulio'r gwanwyn,
Ac yn dwedyd was yn smala,
"Mae hi'n oer, mi ddaw yn eira."

Robin goch ar ben y rhiniog
Yn gofyn tamaid, heb un geiniog,
Ac yn dwedyd was yn smala,
"Mae hi'n oer, mi ddaw yn eira."

Sgrech y Coed

Ffaith Ffab!

Mae 170,000 o'r parau ym Mhrydain ac Iwerddon yn claddu tua 1,700,000,000 o fes bob hydref!

Enw Saesneg: Jay
Mwy o enwau Cymraeg:
Cracell Goed, Sgrech yr Allt
a Phioden Goch
Maint: 34cm
Bwyd: Mes, wyau ac adar ifanc, pryfed yn y gwanwyn a'r haf, mwydod, llygod a madfallod

Sgrech Syfrdanol

Pinc ysgafn, marciau du a gwyn, ac ysgwydd las fel y môr – mae'n swnio fel coctel lliwgar! Ond dyma un o'r adar mwyaf ecsotig. Er ei bod yn lliwgar, mae hefyd yn aderyn swil, ac mae bron yn amhosib ei gweld yn ystod y tymor nythu, ond yn yr hydref mae'n haws gan ei bod mor brysur. Bydd yn casglu mes, sef hadau'r goeden dderwen, ac yn eu cuddio, fel mae'r wiwer yn ei wneud. Bydd yn cario 3–4 mesen mewn cyfnod o ddeg munud, a thros gyfnod o ddeg wythnos bydd yr adar yn hedfan 60 taith mewn diwrnod 10 awr er mwyn storio tua 5,000 o fes. Er bod yr adar yn gallu cofio'n dda ble maen nhw wedi claddu'r mes, byddan nhw'n anghofio am rai, ac mae hyn yn helpu i ledaenu mwy o goed derw.

Beth sy'n sgrechian yn y coed?
Gwaedd ryfedd i oeri'r gwaed.
Y deryn pertaf a welsoch erioed,
Hyfryd ei phlu, ac ysgafn ei throed.

Sigl-di-gwt

Ffaith Ffab!

Un o'r llefydd maen nhw'n ymgasglu yw Palas Buckingham, ac maen nhw i'w gweld yn aml y tu fas i siop Marks & Spencer yng Nghaerdydd.

Enw Saesneg: Pied Wagtail

Mwy o enwau Cymraeg:

Shigwti, Llwyd y Baw a Brith y Coed

Maint: 18cm

Bwyd: Clêr, chwilod, gwyfynod bach a phryfed bach

Sigl-di-gwt Symudol

Pan mae'r sigl-di-gwt yn hercian i rywle, mae ei gynffon hir yn siglo ar ei ôl, a dyna'r rheswm am ei enw. Un o'i enwau eraill ydy shigwti bach y dŵr, oherwydd ei fod yn aml yn cael ei weld gerllaw afonydd, **nentydd** a **chronfeydd**, ond hefyd mae'n cael ei weld ar dir agored fel ffermydd a stablau. Mae'n nythu o gwmpas dŵr, mewn coed, ar greigiau a hyd yn oed mewn hen geir. Yn y gaeaf mae cannoedd, hyd at filoedd, yn mynd i glwydo gyda'i gilydd i gadw'n dwym a diogel. Mae un lle yn Nulyn lle mae'r adar wedi bod yn cwrdd i dreulio'r nos ers 1929, ac ambell waith mae hyd at 3,600 yno.

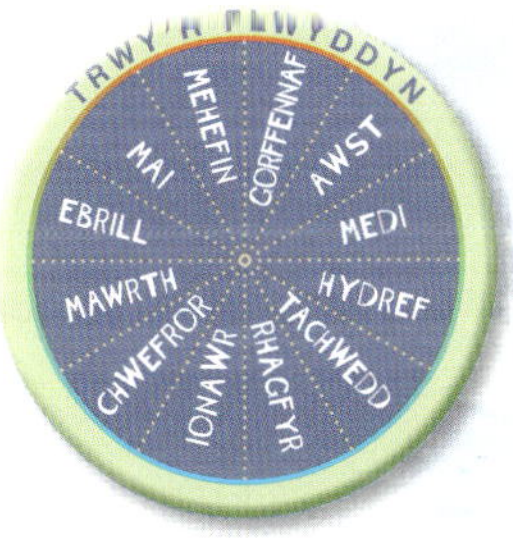

Sigl-di-gwt, sigl-di-gwt,
Yn byw ar y cwt,
Corff bach prysur,
A hir yw ei gwt.
Sigl-di-gwt.

Siglen Lwyd

Ffaith Ffab!

Ambell waith bydd nifer fawr o'r adar yma yn nythu ar ambell nant neu afon, gyda 114 o barau yn nythu ar 100 cilometr o afon.

Enw Saesneg: Grey Wagtail

Mwy o enwau Cymraeg: Siglen Las, Tinsigl Lwyd a Shigwti Lwyd

Maint: 19cm

Bwyd: Pryfed gan gynnwys clêr a chwilod bach

Siglen Sydyn

Nid yw'r enw yn helpu dim i adnabod yr aderyn yma, oherwydd y peth cyntaf welwch chi yw ei phen-ôl a'i brest felen. Mae'n aderyn gosgeiddig gyda'r gynffon hiraf o blith teulu'r sigl-di-gwt, a'r gynffon honno yn hanner hyd yr aderyn i gyd. Yn ystod y tymor nythu mae'n cadw at afonydd a nentydd lle mae'r dŵr yn llifo'n gyflym, ond yn y gaeaf mae'n symud i fwydo ar ffermydd, tir isel a hyd yn oed ar lan y môr. Bydd yr adar yn creu nythod mewn gwreiddiau coeden ar lan yr afon neu o dan bont i gynnwys hyd at 6 wy, a bydd y cywion yn ymddangos ar ôl pythefnos ac yn hedfan pan fyddan nhw'n 17 diwrnod oed.

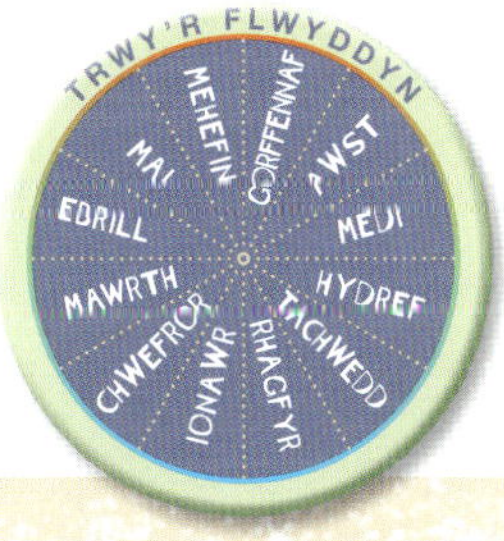

Cynffon hir a phen bach twt,
Dyna siâp y sigl-di-gwt,
Melyn fel wy yw ei fron
A'i hoff le yw ar hyd yr afon.

Titw Gynffon Hir

Ffaith Ffab!

Mae nyth y titw gynffon hir mor fach fel bod rhaid i'r oedolion blygu eu cynffonnau hir dros eu pennau er mwyn mynd i mewn!

Enw Saesneg: Long-tailed Tit

Mwy o enwau Cymraeg:

Yswigw Hirgwt, Penlöyn Cynffonnir a Pwd

Maint: 14cm

Bwyd: Pryfed, pryfed cop, hadau a blagur

Titw Pitw

Dyma un o'r adar lleiaf yng Nghymru, gan bwyso 7–9 gram yn unig. Mae'n edrych fel pom-pom, gyda chynffon hir sydd yn 60% o hyd yr aderyn. Mae'i nyth yn arbennig oherwydd mae'n siâp pêl, ond mae'r aderyn bach yn defnyddio hyd at 3,000 o ddarnau bach o **gen** i'w guddio a thua 1,500 o blu bach i'w wneud yn gysurus y tu fewn. Maen nhw'n hoff o gwmni ei gilydd, yn enwedig yn y gaeaf, ond hyd yn oed yn ystod y tymor nythu bydd parau'n cael cymorth adar tilŵod eraill i helpu i fwydo'r cywion. Yn y gaeaf bydd yr adar bach yn clwydo gyda'i gilydd gan ddefnyddio gwres eu cyrff i gadw'n dwym.

Mae nabod y deryn yma
Yn eithaf hawdd,
Pelen fach binc
Yn dod drwy'r clawdd.

Gwas y dryw, yswelw,
Enwau eraill yn ein tir,
Shibigw ac yswidw
A lleian gynffon hir.

Titw Mawr

Ffaith Ffab!

Nid dim ond ym Mhrydain maen nhw i'w gweld, ond hefyd mewn gwledydd fel India, Java, Indonesia, Siberia yn Rwsia a Moroco yng ngogledd Affrica.

Enw Saesneg: Great Tit

Mwy o enwau Cymraeg:

Yswigw, Hogwr a Pela Mawr

Maint: 14cm

Bwyd: Pryfed, lindys, ffrwythau, pys a hadau

Titw Triciau

Dyma un o'r adar mwyaf lliwgar, gyda phatrwm o blu gwyn, du a melyn. Mae ganddo sawl sŵn ar gyfer **achlysuron** gwahanol. Mae un yn swnio fel y gair Saesneg 'tea-cher', ac un o'r rhai eraill yw 'pinc'. Mae hefyd yn gwneud sŵn fel llif yn cael ei miniogi. Os ydy'r fenyw yn y nyth yn teimlo ei bod dan fygythiad mae'n gwneud sŵn fel neidr yn hisian. Dyma un o'r adar mwyaf defnyddiol i arddwyr oherwydd mae un pâr yn gallu dal tua 7,000–8,000 o bryfed fel lindys ar gyfer y cywion dros gyfnod o dair wythnos pan maen nhw yn y nyth.

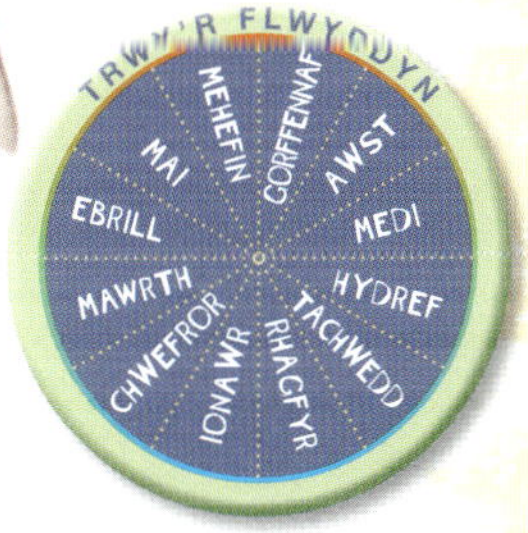

Wyneb i waered, neu'n hongian o'r coed,
Y deryn bach hwn yw'r delaf erioed;
O blith teulu'r titw, hwn yw y cawr,
Ond yn llai na bys Dad, nid yw yn fawr.

Titw Tomos Las

Ffaith Ffab!

Yn 1921, fe wnaeth titw tomos las ddysgu sut i agor top ffoil potel laeth ar stepen drws. Erbyn 1935 roedd mwy wedi dysgu'r un sgil, ac erbyn diwedd y 1940au roedd adar yn deall y tric bron ym mhob man. Bydden nhw hyd yn oed yn hedfan ar ôl faniau llaeth er mwyn cael tamaid o'r hufen o dop y poteli gwydr.

Enw Saesneg: Blue Tit

Mwy o enwau Cymraeg: Glas Dwl, Yswidw Las Fach a Sioni Cap Sidan

Maint: 11.5cm

Bwyd: Pryfed gwyrdd, lindys, pryfed eraill, ffrwythau, grawn a hadau

Titw Twt

Un o'r ffefrynnau erioed ydy'r titw tomos las. Fel y telor penddu mae ganddo gap ond un glas sydd ar ben yr aderyn bach twt yma, a bol trawiadol oherwydd ei liw melyn. Ond mae'r rhai ifanc â chap gwyrdd ac wyneb melyn. Mae'n hoff iawn o dyllau mewn pethau fel gwaith brics, pibau, caniau, blychau llythyron a lampau stryd (sef bron unrhyw le!). Maen nhw i'w gweld yn aml yn hongian wrth dwll blwch nythu, ac yn y gaeaf maen nhw'n hongian wyneb i waered ar gneuen goco neu sach o gnau mwnci. Poblogaeth y titw tomos las ym Mhrydain yw 3,300,000 o barau.

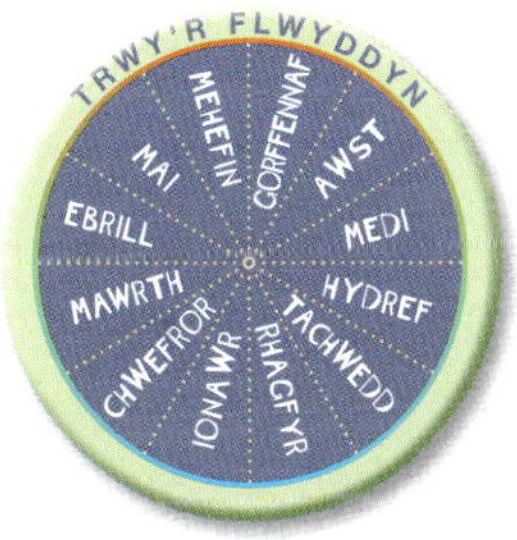

Mae'n bwydo wyneb i waered,
Yr acrobat bach hwn,
Mae pawb yn ei garu,
Fel chi, hyn a wn.

Cap glas uwch ei dalcen,
Yn brysur yn yr ardd,
Mae'r Tomos yn hoffus
Ac yn hynod o hardd.

Y Gog

Ffaith Ffab!

Bydd y gog yn glanio mewn nyth, dwyn wy a dodwy un ei hunan i gymryd ei le. Bydd wy'r gog hyd yn oed yn edrych fel wy'r aderyn arall, ond yn fwy.

Enw Saesneg: Cuckoo

Mwy o enwau Cymraeg: Cethlydd a Gwcw

Maint: 33cm

Bwyd: Pryfed, lindys mawr, pryfed cop a mwydod

Y Gog Grêt

Un o'r arwyddion bod yr haf ar ei ffordd yw clywed cân y gog, sy'n adrodd 'cw-cw' yn uchel drosodd a throsodd. Maen nhw'n cyrraedd gan amlaf yn ystod ail neu drydedd wythnos mis Ebrill ar ôl treulio'r gaeaf yn Affrica. Un o'r pethau mwyaf nodweddiadol am y gog yw ei bod yn dodwy wyau yn nythod adar eraill, gan ddisgwyl i'r adar hynny ofalu amdanyn nhw. Bydd cyw'r gog yn gwthio'r wyau eraill allan o'r nyth gyda'i adenydd. Yn aml, adar bach sy'n cael eu twyllo, fel y corhedydd a'r robin, ond mae wyau'r gog wedi cael eu darganfod yn nythod dros 50 math o adar.

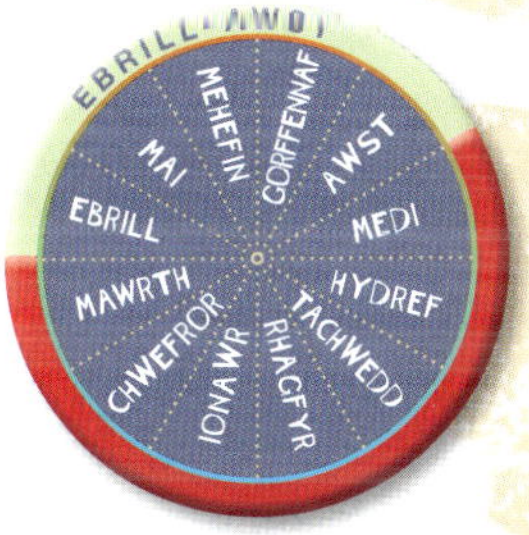

Y Bardd a'r Gwcw

O'r gwcw fach lwydlas, lle buost ti cyd
Mor hir heb ddychwelyd?
Ti fuost yn fud.
Mor hir heb ddychwelyd?
Ti fuost yn fud.

Y GWCW:

O, peidiwch camsynied a meddwl mor ffôl,
Yr oerwynt o'r gogledd a'm daliodd i'n ôl.
Yr oerwynt o'r gogledd a'm daliodd i'n ôl.

Fy amser i ganu yw Ebrill a Mai
A hanner Mehefin, chwi wyddoch, bob rhai.
A hanner Mehefin, chwi wyddoch, bob rhai.

Ffarwél i chwi 'leni, ffarwél i chwi oll,
Cyn y delwyf i yma nesa bydd miloedd ar goll.
Cyn y delwyf i yma nesa bydd miloedd ar goll.

Bydd llawer merch ifanc yn isel ei phen
Cyn y delwyf i yma nesa i roi caniad ar bren.
Cyn y delwyf i yma nesa i roi caniad ar bren.

(Cân werin)

Ysguthan

Ffaith Ffab!

Yng Nghymru mae rhai pobl yn dweud 'hen sguthan' mewn ffordd **ddirmygus** am ferch.

Enw Saesneg: Woodpigeon

Mwy o enwau Cymraeg:

Cuddan, Colomen Goed ac Ysguthan Gadwynog

Maint: 41cm

Bwyd: Grawn, ffrwythau gwyllt, hadau, meillion, weithiau bara a sgrapiau, bresych a bwyd anifeiliaid bach

Ysguthan Elyniaethus

Mae'r ysguthan yn adnabyddus oherwydd ei bola pinc tywyll, a'i phlu gwyn gydag ychydig o wyrdd ar ei gwddf. Os ydych yn ffermwr, neu'n adnabod ffermwr, byddwch chi'n gwybod nad oes gelyn gwaeth iddo na'r ysguthan. Dyma'r golomen fwyaf cyffredin, niferus a gwyllt, gyda phoblogaeth o 3 miliwn o barau. Dyma aderyn sydd yn bwyta llawer o gnydau ac mae wedi symud i mewn i bentrefi, trefi a pharciau mewn dinasoedd i chwilio am fwyd. Mae ei chân 5 nodyn yn hawdd ei hadnabod, sef 'cwww-cww, cww-cww, cww'. Wrth hedfan mae'r ysguthan yn dangos marciau mawr gwyn ar ei hadenydd, sy'n gwneud tipyn o sŵn wrth godi i'r awyr.

Ysguthan, ysguthan,
Yn peswch a thuchan.

Ysguthan, ysguthan,
I ble rwyt ti'n hedfan?

Ysguthan, ysguthan,
Yn myned i unman.

Ysguthan, ysguthan.

Geirfa

achlysur /achlysuron (*event, occasion*) – amser neu ddigwyddiad arbennig

adnabyddus (*well-known*) – rhywun neu rywbeth sy'n cael ei adnabod gan lawer

algae (*algae*) – dosbarth o blanhigion fel gwymon

cen (*lichen*) – y planhigyn sy'n tyfu fel staen gwyrdd, melyn neu lwyd ar gerrig a choed

clwydo (*to roost*) – bod yn barod i gysgu

cronfa / cronfeydd (*reservoir / reservoirs*) – llyn mawr o ddŵr wedi ei greu gan bobl

cyfarch (*to greet*) – siglo llaw neu ddweud helô wrth gwrdd â rhywun

cynrhonyn / cynrhon (*maggot / maggots; grub / grubs*) – pryfyn ar ôl iddo ddod o'r wy ond heb eto dyfu adenydd, traed ac ati

dirmygus (*scornful*) – gair i ddisgrifio rhywun yn wawdlyd, o safon isel a di-werth

gosgeiddig (*elegant*) – lluniaidd, prydferth, yn enwedig wrth ddisgrifio sut mae rhywun neu rywbeth yn symud

gwarchodwr (*keeper*) – rhywun sydd yn gwarchod, neu'n gofalu am rywbeth

gwlithen / gwlithod (*slug*) – creadur bach tebyg i falwoden, ond heb y gragen

magl / maglau (*trap / traps*) – dyfais fetel i ddal anifeiliaid

meddiannu (*to take over*) cymryd rhywbeth drosodd a bod yn berchen arno

mwsog (*moss*) – planhigyn heb flodau sy'n tyfu'n wyrdd mewn llefydd gwlyb

nant / nentydd (*stream / streams*) – afon fach

plaladdwyr (*pesticides*) – cemegion sydd yn lladd planhigion

swllt (*shilling*) – darn o hen arian

trychineb (*disaster*) – digwyddiad mawr, anffodus, fel damwain

tryloyw (*transparent*) – gair i ddisgrifio rhywbeth y gallwch weld trwyddo

ysglyfaethus (*predatory*) – gair i ddisgrifio aderyn sydd yn hela ac yn bwyta anifeiliaid eraill